留学中国
Experiencing China

中级汉语教程
Intermediate Chinese

刘乐宁　朱永平　主编

朱永平　齐少艳　王肖丹　段文菡　编著

北京大学出版社
PEKING UNIVERSITY PRESS

图书在版编目(CIP)数据

留学中国：中级汉语教程/刘乐宁，朱永平主编. —北京：北京大学出版社，2013.9
ISBN 978-7-301-22960-6

Ⅰ. 留… Ⅱ. ①刘… ②朱… Ⅲ. 汉语-对外汉语教学-教材 Ⅳ. H195.4

中国版本图书馆CIP数据核字(2013)第179674号

书　　　　名：	留学中国：中级汉语教程
著作责任者：	刘乐宁　朱永平　主　编
责 任 编 辑：	沈　岚
标 准 书 号：	ISBN 978-7-301-22960-6/H·3355
出 版 发 行：	北京大学出版社
地　　　　址：	北京市海淀区成府路205号　100871
网　　　　址：	http://www.pup.cn　新浪官方微博：@北京大学出版社
电 子 信 箱：	zpup@pup.pku.edu.cn
电　　　　话：	邮购部 62752015　发行部 62750672　编辑部 62767349　出版部 62754962
印 　刷 　者：	北京宏伟双华印刷有限公司
经 　销 　者：	新华书店
	889毫米×1194毫米　大16开本　17印张　500千字
	2013年9月第1版　2022年9月第3次印刷
定	价：420.00元(含1张MP3光盘)

未经许可，不得以任何方式复制或抄袭本书之部分或全部内容。
版权所有，侵权必究
举报电话：010-62752024　电子信箱：fd@pup.pku.edu.cn

词性缩略语

Adj.	Adjective	形容词
Adv.	Adverb	副词
Aux.	Auxiliary Verb	助动词
Conj.	Conjunction	连词
IE	Idiom Expression	固定词组（含成语）
Int.	Interjection	感叹词,拟声词
MW	Measure word	量词
N.	Noun	名词
NP	Noun Phrase	名词词组
Num.	Numeral	数词
Pt.	Particle	助词
PN.	Proper Noun	专有名词（如地名、人名）
Pref.	Prefix	词头（前缀）
Prep.	Preposition	介词
Pron.	Pronoun	代词
Suf.	Suffix	词尾（后缀）
TW.	Time Word	时间词
V.	Verb	动词
V-O.	Verb Object	离合词
VP	Verbal Phrase	动词词组

目 录

第 一 课	到了北京,看到了校园	1
第 二 课	邮局与银行	16
第 三 课	网络、手机真方便	30
第 四 课	我只说中文	45
第 五 课	中国家庭	62
第 六 课	中国的饮食文化	81
第 七 课	有什么别有病	96
第 八 课	自行车文化	112
第 九 课	北京的交通	129
第 十 课	私人汽车在中国	147
第十一课	旅游经历	165
第十二课	娱乐生活	182
第十三课	礼品与礼节	200
第十四课	工作机会	218
语法索引		234
词　　表		238

第一课

到了北京，看到了校园

（一）对话

（在北京首都机场）

康书林：李月珊，你好！

李月珊：康书林，你好！真高兴见到你。你怎么到机场来了？

康书林：张老师说你今天到，所以我就到机场来接你。怎么样，一路上顺利吧？

李月珊：很顺利。我在飞机上不是看电影就是睡觉，所以现在很有精神。

康书林：真不错。出海关有什么问题吗？

李月珊：一点儿问题都没有。刚到北京我就有三个"没想到"。

康书林：什么"没想到"？

李月珊：第一，没想到北京首都机场这么现代化，不但很干净，而且非常漂亮；第二，没想到取行李的速度特别快；第三，没想到我一到机场就看到了熟悉的老同学。

康书林：你别高兴得太早了。去年我第一次来北京，刚到的时候也像你一样兴奋，可是一出机场就有三个想不到。

李月珊：什么"想不到"？

康书林：想不到空气这么糟糕；想不到路上的车那么多；想不到中国人说话的速度那么快，什么都听不懂。

张老师：康书林，这是来我们学校学中文的留学生吧？我们的大巴到了，请上车吧。

李月珊：他刚才说什么？我没听懂。

康书林：没关系，不是你不明白，是他说得太快了。

（二）短文

给爸爸妈妈的一封信

亲爱的爸爸妈妈：

你们好！昨天下午我到了机场以后，坐大巴到了学校。

我们的大学非常漂亮，像一个大公园。校园里有山，有湖，湖上还有小桥，风景美极了。学校有现代化的楼房，也有传统的建筑。我们上课的地方，虽然外边古色古香，里边却很现代化。我住在留学生宿舍，两个人一间屋子。屋子里有书桌、台灯、电视，还有空调、冰箱和洗手间。房间也不用我们自己收拾，每天服务员都帮我们把房间打扫得干干净净。现在住的地方比我在美国的宿舍好多了。

我一切都好，就是还不习惯喝热水。老师告诉我们不能喝水龙头里的凉水，要把水烧开了才能喝。我真不明白为什么中国人夏天也喜欢喝热水。可是我的中文老师说他也不明白为什么美国人冬天也喝冰水。看来，我在学中文的同时，还得慢慢地适应中国人的生活习惯。好了，今天先写到这儿，以后有时间我再给你们写信。

祝爸爸妈妈身体健康！

女儿：月珊
2012年6月18日

词汇

(一)

简体	繁體	拼音	词性	英文
校园	校園	xiàoyuán	N.	campus, schoolyard
首都	首都	shǒudū	N.	capital (of country)
机场	機場	jīchǎng	N.	airport, airfield
康书林	康書林	Kāng Shūlín	PN.	a male name
李月珊	李月珊	Lǐ Yuèshān	PN.	a female name
接	接	jiē	V.	to pick up (someone)
顺利	順利	shùnlì	Adj.	smooth, without a hitch
精神	精神	jīngshen	N.	spirit, energy
海关	海關	hǎiguān	N.	customs
没想到	沒想到	méixiǎngdào	VP.	to have not expected, have not thought of

留学中国：中级汉语教程

现代化	現代化	xiàndàihuà	V.	modernization
不但	不但	búdàn	Conj.	not only (... but also...)
干净	乾净	gānjìng	Adj.	clean, neat and tidy
而且	而且	érqiě	Conj.	but also
非常	非常	fēicháng	Adv.	very, highly, extraordinary
取	取	qǔ	V.	to take, get, obtain
行李	行李	xíngli	N.	luggage, baggage, packing
速度	速度	sùdù	N.	speed, rate, velocity
特别	特別	tèbié	Adv., Adj.	unusual, special; especially
熟悉	熟悉	shúxī	V.	familiar, to know something or somebody well
像	像	xiàng	V., Adv.	to be like; seem
兴奋	興奮	xīngfèn	Adj.	elated, excited; excitation
想不到	想不到	xiǎngbudào	VP.	to never expect; unexpectedly; unable to anticipate
空气	空氣	kōngqì	N.	air
糟糕	糟糕	zāogāo	Adj.	terrible
留学生	留學生	liúxuéshēng	N.	student studying abroad; international student
大巴	大巴	dàbā	N.	bus
明白	明白	míngbai	Adj., V.	clear; to understand, to realize

（二）

封	封	fēng	MW	measure word for letters
亲爱	親愛	qīn'ài	Adj.	dear, beloved
公园	公園	gōngyuán	N.	park
山	山	shān	N.	mountain
湖	湖	hú	N.	lake
桥	橋	qiáo	N.	bridge

风景	風景	fēngjǐng	N.	scenery
极了	極了	jíle	Suf.	extremely, very
楼房	樓房	lóufáng	N.	storied building
传统	傳統	chuántǒng	Adj., N.	traditional; tradition, convention
建筑	建築	jiànzhù	N.	architecture, buiding
古色古香	古色古香	gǔsè-gǔxiāng	IE	of ancient style and flavor
却	卻	què	Adv.	but, yet
宿舍	宿舍	sùshè	N.	dormitory
屋子	屋子	wūzi	N.	room
书桌	書桌	shūzhuō	N.	desk, writing desk
台灯	臺燈	táidēng	N.	desk lamp, reading lamp
空调	空調	kōngtiáo	N.	air-conditioner
冰箱	冰箱	bīngxiāng	N.	icebox, refrigerator
洗手间	洗手間	xǐshǒujiān	N.	bathroom
不用	不用	búyòng	Adv.	need not
收拾	收拾	shōushi	V.	to put in order, tidy, clear up
服务员	服務員	fúwùyuán	N.	attendant, steward, waiter
房间	房間	fángjiān	N.	room
打扫	打掃	dǎsǎo	V.	to clean, sweep, bream
一切	一切	yíqiè	Pron.	all, every; everything, all
水龙头	水龍頭	shuǐlóngtóu	N.	(water) tap, faucet, hydrant
烧开	燒開	shāokāi	VP.	to boil
夏天	夏天	xiàtiān	N.	summer
冬天	冬天	dōngtiān	N.	winter

冰水	冰水	bīngshuǐ	*N.*	ice water
看来	看來	kànlái	*V.*	apparently, it seems that
同时	同時	tóngshí	*Conj.*	at the same time
适应	適應	shìyìng	*V.*	to adapt to, to adjust to
祝	祝	zhù	*V.*	to express good wishes, to wish
身体	身體	shēntǐ	*N.*	body, health
健康	健康	jiànkāng	*Adj.*	healthy; health

语法结构

 不是A，就是B (If not A, then B)

This conjunctive structure indicates that the choice is between A and B. A and B are parallel structures, which can be (pro)nouns, verbs or clauses.

此关联结构说明选择限制在 A 和 B 之间。A、B 为两个平行结构，可以是名（代）词、动词或者小句。

Eg.

（1）给我写信的人，不是父母，就是朋友。
People who write to me are either my parents, or my friends.

（2）他最近很忙，不是工作，就是学习。
He is very busy recently. If he is not working, he is studying.

（3）今年夏天，我不是去中国，就是去日本。
If I am not going to China this summer, I will go to Japan.

请用"不是……，就是……"完成句子：

1）放假的时候，美国大学生＿＿＿＿＿＿＿＿＿＿＿＿＿＿＿＿。

2）我学习很忙，每天＿＿＿＿＿＿＿＿＿，一点儿玩儿的时间都没有。

3）他没来上课，我觉得他＿＿＿＿＿＿＿＿＿＿＿＿＿＿＿＿。

2. 没想到 (have not expected; unexpectedly)

"没想到" is a negative form of a V-CR (verb+resultative complement), and has been lexicalized later, indicating that the matter is unexpected from the speaker's point of view.

"没想到"本来是一个动补结构（动词+结果补语）的否定式，后被词汇化，可用来表达说话者惊讶的口气。

(1) 你没想到北京这么现代化吧？

You have not expected that Beijing is so modern, have you?

(2) 没想到你很熟悉北大。

I did not know that you are very familiar with Beijing University.

(3) 没想到我们宿舍的条件非常好。

The condition of our dorms is surprisingly good.

请用"没想到……"完成句子：

1）他来中国以前不喜欢吃中国菜，＿＿＿＿＿＿＿＿＿＿＿＿＿＿。

2）我听说这个电影很有意思，＿＿＿＿＿＿＿＿＿＿＿＿＿＿＿。

3）我以为纽约的空气很糟糕，＿＿＿＿＿＿＿＿＿＿＿＿＿＿＿。

3. 不但……而且…… (not only... but also)

The correlative conjunction is used to connect two parallel structures (two noun phrases, two verb phrases, two adjectives, two preposition phrases, etc.). The conjunction also conveys a sense of progression between the two parallel structures.

此关联结构用来连接两个并列结构（两个名词短语、动词短语、形容词，介词短语等）。这两个结构含有递进关系。

（1）北京大学的建筑，不但很漂亮，而且还有些古色古香。
The architecture of Beijing University is not only beautiful but also classical.

（2）不但小孩子，而且很多大人都喜欢看这本书。
Not only kids, but many adults also like to read this book.

（3）这个中国电影，不但在中国，而且在欧洲(Europe)也很有名。
This Chinese movie is not only well known in China, but is also famous in Europe.

请用"不但……而且……"完成句子：

1）我很喜欢我的同屋，他/她_____。
2）我们的校园很美，_____。
3）我没想到我们的宿舍_____。
4）我觉得学中文_____。

4. 一 VP₁ 就 VP₂ (as soon as; once...)

This conjunctive structure indicates that one action immediately follows another one. Note that the both "一" and "就" should appear after the subject(s).

此关联结构连接两个动作，表示第二个动作紧接着第一个动作发生。

（1）我一下飞机就取了行李。
I picked up my luggage as soon as I got off the plane.

（2）老师一说完话，学生就开始考试。
As soon as the teacher's done speaking, the students start to take the test.

请用"一……就……"回答问题：

1) A：你到北京以后，给你的家人打电话了吗？

   B：_____。

2) A：下课以后你常常做什么？

   B：_____。

3) 他不喜欢看书，_____。

5. 想不到 (unexpectedly)

"想不到" is originally the negative form of a V-Cp (verb + potential complement), meaning "cannot think of, cannot imagine...". The expression has been lexicalized later and is used as disjunct, expressing that the situation is beyond the imagination of the speaker.

"想不到"本来是一个动补结构（动词+可能补语）的否定式，后被词汇化，用来表达说话者惊讶的口气。

Eg.

（1）真想不到你开车的速度这么快。

　　　I did not expect that you drive very fast.

（2）想不到北京的空气这么糟糕。

　　　To my surprise, the air quality is terrible in Beijing.

请用"想不到……"完成句子：

1) 刚学中文的时候，他的中文不太好，_____。

2) 他刚学开车，_____。

3) 这是我第一次来纽约，_____。

6. 有……，（也）有……，还有…… (There is...and...and...)

This conjunctive structure can be used to coordinate several parallel elements.

此关联结构可以连接几个并列成分。

Eg.

每个房间里都有冰箱,也有空调,还有一张书桌。

There is a fridge, an air-conditioner and a desk in every room.

请用"有……,(也)有……,还有"完成句子:
1) 我们的宿舍很现代化,_____。
2) 拉斯维加斯(Las Vegas)很好玩儿,_____。
3) 他要去旅行(travel),行李很多,_____。

7. 却 (but, yet, however)

This conjunctive adverb is used to express a turn in the meaning between two clauses. It usually appears after the subject of the second clause. It often appears with other conjunctions such as "虽然" and "但是".

该关联副词表示意义的转折,常用在第二个小句的主语之后,常与"虽然"、"但是"等连用。

Eg.

(1) 这个楼外边很普通,里边却很现代化。

This building looks very common from outside, but its interior turns out to be very modern.

(2) 虽然我坐了十四个小时的飞机,可是现在却很有精神。

Although my flight lasted fourteen hours, I still feel energetic.

请用"却"完成句子:
1) 我的宿舍虽然很小,_____。
2) 纽约的地铁虽然不太干净,_____。
3) 虽然他学汉语的时间不长,_____。

练 习

课文理解 Comprehension

根据课文内容回答问题 Answer the questions based on the text

1) 李月珊喜欢北京的机场吗？
2) 李月珊认识康书林吗？
3) 康书林为什么说"别高兴得太早了"？
4) 这个大学校园里都有什么？
5) 李月珊住的宿舍好不好？
6) 李月珊不习惯哪一件事？

词汇和句型练习 Vocabulary and Structure

1　选词填空 Choose the proper words to fill in the blanks

速度　顺利　留学生　接　干净　熟悉　明白

1) 昨天见到了＿＿＿＿的老朋友，我觉得特别兴奋。
2) 我虽然学过中文，可是有的时候还是不＿＿＿＿中国人在说什么。
3) 我很喜欢这个学校的宿舍，不但很＿＿＿＿，而且非常现代化。
4) 他开车的＿＿＿＿非常快，坐他的车我觉得不安全。
5) 这个学校有很多＿＿＿＿，他们和我们一样，都是来北京学中文的。
6) 在机场，我一出海关就看到了来＿＿＿＿我的老师和同学。
7) 我的行李很少，所以过海关的时候非常＿＿＿＿。

> 健康　传统　收拾　一切　适应　不用

1）他第一次来中国，中国的很多_____他都不知道。
2）虽然北京很现代化，可是他却很不_____北京糟糕的空气。
3）星期六、星期天_____上课。
4）他每天早上都去跑步，因为他觉得_____很重要。
5）她来北京以后，_____都好。
6）他很喜欢旅行（travel），可是他却不喜欢_____行李。

2 模仿造句 Construct sentences following the examples

1）他每天都去锻炼，不是跑步，就是游泳。
（不是……就是……）

2）他昨天睡得太晚了，所以今天上课的时候一点儿精神都没有。
（一点儿……都没有）

3）我觉得汉字特别难，所以一考试我就紧张。
（一……就……）

4）我真希望自己的中文说得像老师的一样好。
（A 像 B 一样 adj.）

5）我学中文不是想在中国工作，是希望可以认识更多的中国朋友。
（不是……是……）

6）他上课的时候很没精神，看来他昨天晚上睡得不好。
（看来）

7）我喜欢学习中文，因为在学习中文的同时，我可以慢慢熟悉中国的文化。
（在……的同时，……）

3 用所给的词语完成句子
Complete the sentences using given words

1) 今天是第一天上中文课，_____。（没想到）
2) 我来中国已经三个星期了，_____。（适应）
3) 我们住的地方有服务员，所以_____。（不用）
4) _____的建筑。（不但……而且……）

4 翻译 Translation

1) Last year when I first came to the U.S., I was as excited as you are now.

2) In the airport, I not only met the people who came to pick me up, but also ran into several old friends of mine.

3) I did not expect Beijing to be so modern.

4) Sometimes it's hard for me to understand when they speak so fast.

5) Everything is fine here, but I'm still not used to how bad the air is.

表达练习 Speaking

1 对话练习 Complete the dialogues

Topic: 来到北京

A：你来北京多长时间了？
B：_____。

A：到北京的时候是谁去机场接你的？
B：_____。
A：你刚下飞机的时候有精神吗？为什么？
B：_____。（精神；不但……而且……）
A：你到宿舍以后，做了什么？
B：_____。（一……就……）
A：你觉得北京怎么样？
B：_____。（没想到）

2 成段表达 Mini talk

1）说说你来北京以后的生活（life）和想法。
　　（到了　一切　极了　适应　习惯　看来　在……的同时）

2）介绍你现在的学校、教室和宿舍。
　　前几天我_____北京，刚下飞机_____。北京的机场_____，可是北京的空气_____。不过，到了宿舍，我高兴_____。我们的宿舍_____，有_____。不但_____，而且_____我们自己打扫。昨天晚上，我_____邮件，然后学习_____11点，真是累极了。_____，我还不_____每天学习这么长时间中文。_____学中文_____，我也要努力适应在北京的_____。

社会调查 Social Survey

到你的宿舍附近走一走，去学校附近的商店看一看，写出三个"没想到"。

写作训练 Writing

Write a letter to your parents or your friends describing your first several days in school. Use at least 10 words or patterns from below (150 characters).

> 到了……（place）　有……（也）有……，还有……　……极了
> 虽然……可是……却……　不用……　A 帮 B do sth.
> A 比 B adj. 多了　（不）习惯……　一切……　……，看来……
> 在……的同时，……．　适应+N　V 到 a point of time or location
> 给……写信/打电话

第二课

邮局与银行

(一) 对话

(康书林敲门)

康书林：请进，请进。书林，请坐。想不想喝点儿茶？我今天刚买的茶叶。

康书林：怎么，你要用中国人传统的法子给我泡茶？

李月珊：那当然，到了中国就要适应中国人的习惯。你今天做什么了？

康书林：今天去邮局寄包裹，让我特别不高兴。

李月珊：怎么回事？

康书林：我想给家里人寄个包裹。在邮局排了半天队，好不容易才到了柜台前面，可是邮局的职员说我自己的盒子不行，让我先去买盒子。我就去排队买盒子；买完了，又去排队寄包裹。天又热，人又多，屋里的空调又坏了。我一共排了三次队，当然很生气。

李月珊：你最多是自己生气，可我不但自己不高兴，还让别人不舒服。

康书林：到底是怎么回事？

李月珊：今天早上我到银行去换钱。我一进银行就看到门口的椅子上坐了很多人，我就坐在最后面。可是比我晚到的人都不排队，随便坐。我很生气，就问那些人为什么不排队。大家都很奇怪地看着我，好像看一个外星人似的。后来我才知道，进门的时候得在门口拿一个号，银行职员叫你的号，你就可以到窗口去了，根本不用排队。你说我可笑不可笑？

康书林：这当然是你的错了。到了一个新地方，你就应该特别注意别人做什么、怎么做；要不然就会闹笑话。

李月珊：对极了。现在你明白我为什么要在夏天请你喝热茶了吧？——这就叫"入乡随俗"。

康书林：（喝了一口茶）烫死我了。以后你还是给我喝冰水吧。

（二）短文

康书林的一篇日记

6月20日　　　　星期二　　　　　　晴

我到中国已经好几天了，去邮局寄了包裹，也到银行用美元换了人民币。有些事情让我觉得很有意思。比方说，我觉得虽然都是为大家服务，可是银行的服务态度比邮局的好多了。李月珊觉得原因是邮局的空调坏了，天气太热，容易让人觉得不舒服；人一不舒服，服务态度自然就不好。我觉得更重要的是，学校附近有很多银行：这个银行不好，你可以去另外一个。可是邮局只有一个，不管你高兴不高兴，都得在那儿寄东西。没有竞争当然就没有好的服务。不过中国的邮局和银行都有一个共同点，就是邮局和银行的服务窗口都有玻璃挡着，说话交钱都不方便。另外，在美国，一般我们看不清楚其他人存了多少钱，取了多少钱。可是我却在中国的银行看到一个老太太取了几万块钱，还在大家的面前数钱——这太不安全了。

词汇

(一)

与	與	yǔ	Conj.	and
寄	寄	jì	V.	to send, to post, to mail
存钱	存錢	cún qián	V-O.	to save, to deposit money
敲	敲	qiāo	V.	to knock, to beat, to strike
茶叶	茶葉	cháyè	N.	tea-leaves
泡茶	泡茶	pào chá	V-O.	to make tea
邮局	郵局	yóujú	N.	post office
包裹	包裹	bāoguǒ	N.	package, parcel
怎么回事	怎麼回事	zěnme huí shì		what's the matter?
排队	排隊	pái duì	V-O.	to queue up, to line up
半天	半天	bàntiān	N.	quite a while
好不容易	好不容易	hǎobù róngyì		with great difficulty; after all the trouble
柜台	櫃檯	guìtái	N.	counter

职员	職員	zhíyuán	N.	staff; employee
盒子	盒子	hézi	N.	box, case, casket
最多	最多	zuìduō	Adv.	at most.
生气	生氣	shēng qì	V-O., Adj.	to take offense, to get angry
到底	到底	dàodǐ	Adv.	eventually; what on earth
银行	銀行	yínháng	N.	bank
换	換	huàn	V.	to exchange, to trade
门口	門口	ménkǒu	N.	entrance, doorway, gate
随便	隨便	suíbiàn	Adj., Adv.	be free and easy, random. randomly, casually
奇怪	奇怪	qíguài	Adj.	odd, strange, weird.
外星人	外星人	wàixīngrén	N.	aliens
似的	似的	shìde	Pt.	be like.; as...as.; as if
拿	拿	ná	V.	to hold, to take.
号	號	hào	N.	number
窗口	窗口	chuāngkǒu	N.	window
根本	根本	gēnběn	Adv.	(not) at all, by any means
可笑	可笑	kěxiào	Adj.	ridiculous, absurd
注意	注意	zhùyì	V.	to pay attention to, to take notice
要不然	要不然	yàobùrán	Conj.	otherwise; or
闹笑话	鬧笑話	nào xiàohua	V-O.	to become a laughing stock
入乡随俗	入鄉隨俗	rù xiāng suí sú	IE	when in Rome, do as the Romans do
烫	燙	tàng	Adj.,V.	very hot; to burn

(二)

篇	篇	piān	MW	for articles, chapters, paper
日记	日記	rìjì	N.	diary, journal
晴	晴	qíng	Adj.	sunny, clear, cloudless, fine
好几	好幾	hǎojǐ	Num.	quite a few
美元	美元	měiyuán	N.	(U.S.) dollar, buck
人民币	人民幣	rénmínbì	N.	RMB, unit of Chinese currency
比方说	比方說	bǐfāngshuō		for example
为	為	wèi	Prep.	for
服务	服務	fúwù	V., N.	to serve; service
态度	態度	tàidù	N.	attitude, approach, manner
原因	原因	yuányīn	N.	cause, reason
坏	壞	huài	V.	go bad
自然	自然	zìrán	N., Adj., Adv.	nature; natural; naturally
重要	重要	zhòngyào	Adj.	important, significant
附近	附近	fùjìn	N.	nearby; in the vicinity of
另外	另外	lìngwài	Adj., Adv.	another; in addition
不管	不管	bùguǎn	Conj.	no matter (what, how), regardless of
竞争	競爭	jìngzhēng	V.	to compete
不过	不過	búguò	Conj.	but, however
共同点	共同點	gòngtóngdiǎn	N.	commonality
玻璃	玻璃	bōli	N.	glass
挡	擋	dǎng	V.	to shield, to protect from

交钱	交錢	jiāo qián	V-O.	to pay money
方便	方便	fāngbiàn	Adj.	convenient
一般	一般	yìbān	Adj., Adv.	general; generally
其他	其他	qítā	Pron.	others, the rest, other, else
取钱	取錢	qǔ qián	V-O.	to withdraw (money)
老太太	老太太	lǎotàitai	N.	old lady, venerable Madam
万	萬	wàn	Num.	10,000; ten thousand
面前	面前	miànqián	N.	in the face of, in front of
数	數	shǔ	V.	to count
安全	安全	ānquán	Adj., N.	safe, secure

语法结构

 好不容易…… (with great difficulty)

This structure often appears in the pattern "Subject+好不容易（才）+VP". Here the VP usually takes the form of "V-CR+O". It indicates that the action is finished with lots of efforts and great difficulty.

该结构一般来说要和"才"以及"动词+结果补语"连用，说明动作完成得很费劲。

（1）我好不容易（才）找到你的家。
It took me a lot of effort to find your place.

（2）李月珊排队排了很长时间，好不容易买到这本书。
Li Yueshan was waiting in line for a long time before she finally got this book.

请用"好不容易……"完成句子：

1）买电影票的人特别多，我排了半天队，_____。
2）今天的功课又多又难，我做了一个晚上，_____。

2. 又……又……(又……) (..., and..., and...)

This structure can connect several structures of coordinative relation. It is used to demonstrate several aspects of one subject matter. Please note that "又" always appear after the subject and before the predicate of each clause.

此结构可以连接几个表示并列关系的结构，用来说明一件事的各个方面，注意"又"总是出现在小句的主语之后，谓语之前。

Eg.

（1）北京大学真不错：校园又美，老师又好，学生又聪明。
Peking University is great: the campus is beautiful, the professors are nice, and the students are smart.

（2）住在这儿真不习惯：地方又小，离车站又远，夏天又没有空调。
I am not used to living here: the place is small, the bus stop is far away, and there is no air-conditioning in the summer.

请用"又……又……（又……）"完成句子：

1）我很喜欢这个大学，因为_____。
2）A：你习惯在北京生活吗？
　 B：不习惯，_____。
3）这家饭馆儿_____，所以我不喜欢。

3. 到底 (wh...+on earth, ultimately)

"到底" is an adverb used in a question to emphasize the tone of speech—the speaker requests further clarification of the subject matter. When used this way, "到底" can appears only in wh-questions and alternative questions.

"到底"是一个只能用在特殊疑问句或选择疑问句中的副词，用来表达说话者的口气，要求对情况进行进一步的说明。

Eg.

(1) 你到底是谁？

Who on earth are you?

(2) 寄包裹到底要不要用邮局的盒子？

Is it truly necessary to use boxes in the post office when mailing packages?

请用"到底"完成句子：

1）有人说有外星人，有人说没外星人，_____，大家都不知道。

2）A：小张明天来吗？

B：他一会儿说要来，一会儿说不来，我也不知道_____。

3）有的同学说明天有考试，有的同学说明天没有考试，_____？

4. 好像……似的 (as if, like)

This pattern often serves as a conjunct that connect two clauses. It appears in the second clause, introducing a situation that is comparable to that in the first clause.

这个结构用来引导第二个小句。第二个小句中的情况和第一个小句有关联，常常具有可比性。

Eg.

(1) 他的态度很随便，好像不知道这件事很重要似的。

His attitude is very casual, as if he did not know about the importance of this matter.

(2) 我的脸很红，好像喝多了酒似的。

My face is all red, as if I had drunk a lot.

请用"好像……似的"完成句子：

1）服务员很奇怪地看着我，_____。

2）上课的时候她一点儿精神都没有，_____。

5. 根本+不/没 (not at all)

"根本", when used as an adverb of degree, usually precedes negative forms to emphasize the negatioN.

"根本"用作程度副词时，常用于否定式。

Eg.

（1）他根本不习惯美国的生活。
　　He is not used to life in American at all.
（2）我根本没听懂老师说什么。
　　I did not understand a single thing of what the teacher said.

请用"根本不/没"完成句子：

1）她以为去银行换钱要排队，其实_____。
2）A：在北京，你听得懂出租车司机说话吗？
　　B：_____。

6. 不管……都…… (no matter what...)

This conjunctive structure is used to connect two clauses of conditional relatioN. The structure expresses that the situation in the main clause won't vary no matter how the conditions in the subordinate clause might change. The subordinate clause is introduced by "不管", while the adverb "都" has to appear after the subject of the main clause. Please note that "不管" has to lead a wh-question or an alternative question. "不管" is interchangeable with another conjunction "无论"."都" can be replaced by "也".

此关联结构用来连接两个表条件关系的小句。第二个小句中的情况不因为第一个小句中的条件改变而变化。"不管"所引导的第一个小句一定是一个特殊疑问句，或者选择疑问句。"不管"可以和"无论"互换。"都"和"也"也可以互换。

Eg.

（1）附近没有别的银行，所以不管这里的服务态度好不好，我们都得在这儿存钱取钱。

There are no other banks around, therefore no matter how bad the service is, we have to deposit and withdraw money here.

（2）不管有没有竞争，邮局都应该好好为人民服务。

No matter there is competition or not, the post office should always serve people well.

（3）不管天气怎么样，我们明天都要去那儿。

No matter how's the weather like tomorrow, we will have to go there.

请用"不管……都……"完成句子：

1）不管＿＿＿＿＿＿＿＿，都不能喝酒以后开车。

2）A：你只喜欢看美国电影吗？
　　B：＿＿＿＿＿＿＿＿＿＿＿＿＿＿＿＿＿＿。

3）A：听说美国大学生比中国大学生的学习辛苦多了。
　　B：＿＿＿＿＿＿＿＿＿＿＿＿＿＿＿＿＿＿。

练 习

课文理解 Comprehension

根据课文内容回答问题 Answer the questions based on the text

1）康书林为什么在邮局排了三次队？
2）在银行，大家为什么觉得李月珊很奇怪？
3）"入乡随俗"是什么意思？
4）银行的服务态度比邮局好，李月珊觉得原因是什么？康书林呢？

词汇和句型练习 Vocabulary and Structure

1 选词填空 Choose the proper words to fill in the blanks

| 到底 | 入乡随俗 | 最多 | 随便 | 注意 | 排队 |

1) 他上课的时候不_____听老师说话，所以没听懂。
2) 图书馆_____几点关门？好像没人知道。
3) 到了国外应该_____，要不然就会闹笑话。
4) 这间教室_____可以坐40个人。
5) 我不买什么，只想_____看看。
6) 有个人买票不_____，让我很生气。

| 自然 | 安全 | 态度 | 不过 | 为 | 一般 |

1) 他排了半天队却没有买到票，_____很生气。
2) 住在学校附近很_____，可是非常贵。
3) 传统的中国人_____不喜欢喝咖啡，喜欢喝茶。
4) 今天是妈妈的生日，我_____妈妈买了她喜欢的花。
5) 以前这里的空气糟糕极了，_____现在比以前干净一些了。
6) 这个邮局的职员服务_____不太好。

2 模仿造句 Construct sentences following the examples

1) 在家里，父母从来不让我打扫房间。
（让 sb do sth）

2) 坐出租车去机场太贵了，我们还是坐公共汽车吧。
（还是……吧）

3) 来中国可以学汉语，更重要的是可以熟悉中国文化。
（……，更重要的是……）

4）在校园里，骑自行车比走路方便多了。
（A 比 B adj 多了）

5）不管明天天气好不好，我都要去长城（Great Wall）。
（不管……都……）

6）我上大学以前，朋友们为我开了一个很大的party。
（为 sb. do sth.）

7）我在北京工作，已经两年没有回父母家了。
（已经……了）

3 用所给的词语完成句子
Complete the sentences using given words

1）这本书我找了半天，＿＿＿＿＿＿＿＿＿＿＿＿＿＿（好不容易）
2）我家离学校很近，＿＿＿＿＿＿＿＿＿＿＿＿＿＿＿（最多）
3）学习中文你要注意声调（tones）＿＿＿＿＿＿＿＿（要不然）
4）星期天买东西的人特别＿＿＿＿＿＿＿＿＿＿＿＿＿（半天）
5）你前天说星期六要去小李家，今天又说不去了，＿＿（到底）
6）在我家不要客气，＿＿＿＿＿＿＿＿＿＿＿＿＿＿＿（随便）

4 用所给的词语和句型回答问题
Answer the questions using the given words and patterns

1）A：你是怎么学习中文的？
　　B：＿＿＿＿＿＿＿＿＿＿＿＿＿＿＿＿（用……法子……）

2）A：你为什么来纽约上学？
　　B：＿＿＿＿＿＿＿＿＿＿＿＿＿（又……，又……，又……）

3）A：她的中文非常好！
　　B：是啊，＿＿＿＿＿＿＿＿＿＿＿＿＿＿（好像……似的）

4）A：你为什么喜欢骑自行车？
　　B：＿＿＿＿＿＿＿＿＿＿＿＿＿＿＿＿＿＿（更重要的是）

5 翻译 Translation

1) Whether you like it or not, you have to eat some vegetables, because they're good for your health.

2) If you have to wait in line for two hours, of course you'll be in a bad mood.

3) There is definitely no good service without competition.

4) You need to pay extra attention to safety issues around here.

表达练习 Speaking

1 对话练习 Complete the dialogues

（敲门声）

A：请进，_____，要不要喝点儿茶？我今天刚买了茶叶。（随便）
B：_____？（用……法子……）
A：当然了。_____。（习惯）
B：你以前学过泡茶吗？
A：_____。（根本没）
B：_____。（看来，入乡随俗）

2 讨论 Discussion

你去过什么有意思的地方？在那儿应该怎样"入乡随俗"？

第二课 邮局与银行

阅读理解 Reading Comprehension

在邮局**大厅**里，一位**老太太**走到一个**中年人跟前**，客气地说："先生，请帮我在**明信片**上写上**地址**好吗？"

"当然可以。"中年人按老人的要求做了。

"谢谢！"老太太又说，"再帮我写上**一小段话**，好吗？"

"好吧。"中年人照老太太的话写好后，**微笑**着问道："还有什么要帮忙的吗？"

"嗯，还有一件小事。"老太太看着明信片说，"帮我在下面再加一句：**字迹潦草，请原谅**。"

补充词汇 Vocabulary

大厅	dàtīng	N.	lobby
老太太	lǎotàitai	N.	old lady
中年人	zhōngniánrén	N.	mid-age man
跟前	gēnqián	N.	in front of (a person)
明信片	míngxìnpiàn	N.	postcard
地址	dìzhǐ	N.	address
一小段话	yì xiǎo duàn huà		a paragraph
微笑	wēixiào	N.	smile
字迹	zìjì	N.	handwriting
潦草	liáocǎo	Adj.	messy
原谅	yuánliàng	V.	to forgive

第三课

网络、手机真方便

（一）对话

（康书林在校园里看见了李月珊）

李月珊：欸，康书林，你去哪儿了？
康书林：我刚去了电脑中心，买了上网卡。
李月珊：什么是上网卡？
康书林：有了上网卡，你就可以在自己的屋子里上网、发电子邮件了。
李月珊：那太方便了。怎么办上网卡呢？
康书林：带上学生证，交100块钱的月费就行了。欸，你干什么去了？
李月珊：我想给我父母打电话，所以出来买电话卡。没想到电话卡的种类特别多。我也不知道哪种好，就请卖卡的服务员给我推荐一种。那位服务员特别热情，不但帮我买了打到美国最便宜的电话卡，还给我推荐了一个手机，你看！

康书林：不错，贵不贵？

李月珊：不贵，连手机、开通费，加上100块钱的充值卡，一共是1200块钱。

康书林：他给你打折了吗？

李月珊："打折"是什么意思？

康书林：就是减价。在小摊儿上买东西，你得讨价还价，要不然就会"挨宰"。比方说，你刚才买的这些东西，我觉得最少可以打8折。

李月珊：打不打折没关系，我觉得便宜就行了。

（手机响了）

康书林：你的短信。

李月珊：不可能，我刚买的手机，没有人知道我的手机号码。欸，你帮我看看我的手机上写的是什么？

康书林："欢迎使用中国联通"。

(二) 短文

李月珊的一篇日记

2012年6月22日　　　　星期五　　　　阴

没想到在中国上网这么方便，而且速度很快。买了上网卡以后，用笔记本电脑在房间里就可以上网了。有了网络，真方便。给父母和朋友发发电子邮件，到聊天室跟朋友聊聊天儿，再看看新闻，我一下子觉得世界变小了，大家的距离也变近了。

有了手机更方便，随时随地都可以跟别人联系。这就是为什么几乎人人都有手机的原因吧。手机一多，有时就会发生一些可笑的事。今天上午上课的时候，我的手机响了，没想到全班10个人，不是摸自己的书包，就是摸口袋，让我觉得特别不好意思。以后上课我一定把手机关上。

买了手机以后，方便倒是方便，可是因为电话费不便宜，花钱花得很快。听说发短信很便宜，所以我得努力学习怎么用中文发短信。练习用中文发短信，不但能省钱，对我学汉字也会有很大的帮助。我看到我的中国朋友发短信的速度快得不得了，我发短信的速度就慢多了，花好长时间才能写好一条短信。我现在每天收到很多短信。给我发短信的人，很多我根本不认识，也不知道他们写的是什么。他们为什么要给一个不认识的人发短信呢？

词汇

（一）

网络	網絡	wǎngluò	N.	network
手机	手機	shǒujī	N.	mobile phone, cellular phone
收到	收到	shōudào	V.	to receive, to get, to achieve
短信	短信	duǎnxìn	N.	text message
欸	欸	ēi	Int.	used to call someone's attention
电脑	電腦	diànnǎo	N.	computer
中心	中心	zhōngxīn	N.	center, core, hub, focus

第三课 网络、手机真方便

简体	繁體	拼音	词性	英文
上网	上網	shàng wǎng	V-O.	to get on the internet; to surf the web
发	發	fā	V.	to deliver, to dispatch, to send out
电子邮件	電子郵件	diànzǐ yóujiàn	NP.	e-mail, email
办	辦	bàn	V.	to handle, to manage, to operate
带上	帶上	dàishàng	V.	to bring with oneself
学生证	學生證	xuéshēngzhèng	N.	student ID
交	交	jiāo	V.	to pay, to hand in
月费	月費	yuèfèi	N.	monthly fees
干什么	幹什麼	gànshénme	V-O.	What do you do?
电话卡	電話卡	diànhuàkǎ	N.	phone card
种类	種類	zhǒnglèi	N.	kind, type, variety, category
热情	熱情	rèqíng	Adj.	enthusiastic, warm-hearted; zeal, passion
便宜	便宜	piányi	Adj.	inexpensive, cheap
推荐	推薦	tuījiàn	V., N.	to recommend; recommendation
开通	開通	kāitōng	V.	to successfully open a (phone) account
加上	加上	jiāshàng	Conj.	plus, in addition
充值	充值	chōng zhí	V-O.	to add value
一共	一共	yígòng	Adv.	altogether, in all
打折	打折	dǎ zhé	V-O.	to give a discount
减价	減價	jiǎn jià	V-O.	to reduce the price
小摊儿	小攤兒	xiǎotānr	N.	street vendor's set up
讨价还价	討價還價	tǎojià-huánjià	IE	bargain, haggle
挨	挨	ái	V.	to suffer

宰	宰	zǎi	V.	to slaughter, to overcharge
最少	最少	zuìshǎo	Adv.	at least
响	響	xiǎng	Adj., V.	sonorous, loud; to make a sound
号码	號碼	hàomǎ	N.	number
欢迎	歡迎	huānyíng	V.	to welcome, to greet; greeting
使用	使用	shǐyòng	V.	to use, to apply
联通	聯通	Liántōng	PN.	Unicome (name of a telecom company)

（二）

阴	陰	yīn	Adj.	overcast, cloudy
笔记本	筆記本	bǐjìběn	N.	notebook, laptop
聊天室	聊天室	liáotiānshì	N.	chat room
一下子	一下子	yíxiàzi	Adv.	in a short while, all at once
世界	世界	shìjiè	N.	world, universe, society
变	變	biàn	V.	to become different; to change
距离	距離	jùlí	N., V.	spacial distance, time interval
随时随地	隨時隨地	suíshí suídì	IE	at any time and any place
联系	聯繫	liánxì	V., N.	to get in touch; contact
几乎	幾乎	jīhū	Adv.	almost, nearly
有时	有時	yǒushí	Adv.	sometimes, now and then

发生	發生	fāshēng	V.	to happen, to occur, to take place
全	全	quán	Adj., Adv.	all, entire; completely.
书包	書包	shūbāo	N.	schoolbag, backpack
摸	摸	mō	V.	to touch, to feel, to stroke
口袋	口袋	kǒudài	N.	pocket, sack
不好意思	不好意思	bù hǎoyìsi		feel embarrassed
关	關	guān	V.	to shut, to close, to turn off, to lock
倒是	倒是	dàoshì	Adv.	used to express concession
花	花	huā	V.	to spend (time, money, energy)
努力	努力	nǔlì	V., Adj.	striving; endeavor
练习	練習	liànxí	V.,N.	to practice, to exercise, drill
省钱	省錢	shěng qián	V-O.	to save money
帮助	幫助	bāngzhù	V.	to help, aid; assistance
不得了	不得了	bùdéliǎo	Adj.	extremely (adj)

语法结构

1. 连（上）A、B, 加上C, 一共D (including...plus...in total)

This structure is used to enumerate several elements of the same nature, and arrive at a total number. Please note that either "连" or "加上" is optional.

该结构可以连接几个性质类似的结构，并算出总数。"连" 可以省略,"加上"也可以省略。

(1) 连上我、我妹妹,车里一共有六个人。
Including me and my sister, there are six of us in the car.

(2) 连寄包裹,去银行存钱,加上开通手机,我今天一共办了三件事。
Including mailing a baggage, making a deposit in the bank, plus opening an cell phone account, altogether I did three things today.

请用"连(上)A,B,加上C,一共……"问答问题:

1) A:你这次去中国,花了多少钱?
   B:＿＿＿＿＿＿＿＿＿＿＿＿＿＿＿＿＿＿＿＿。

2) A:你每天学习要用多长时间?
   B:＿＿＿＿＿＿＿＿＿＿＿＿＿＿＿＿＿＿＿＿。

2. 一下子 (within a split second, at once)

This adverb not only indicates that the action accomplishes within a surprisingly short amount of time, It is often used together with adverb "就".

该副词说明动作完成得出人意料得快,常与"就"连用。

(1) 这本书,我在图书馆一下子就找到了。
I found this book in the library in a split second.

(2) 空调一开,屋子里一下子就不热了。
As soon as the air condition was turned on, the room cooled down at once.

请用"一下子……"完成句子:

1) 今天天气很热,我打开空调,屋子里＿＿＿＿＿＿＿＿＿＿＿＿＿＿＿。

2）这个问题我想了半天也不明白，问了老师以后，＿＿＿＿＿＿。

3）我以为要花很长时间才能找到这本书，没想到＿＿＿＿＿＿。

3. 发生（occur, happen）

The theme matter, in the form of a noun phrase, can appear either before or after the verb "发生"。

句子的主题以名词的形式出现，既可以出现在"发生"的前面，也可以出现在"发生"的后面。

Eg.

（1）教室里发生了一些好笑的事情。

　　Something funny happened in the classroom.

（2）事情发生得很奇怪。

　　This thing happened in a very strange way.

（3）在小摊上，常常会发生挨宰的事。

　　At the street vendors', it is common to be overcharged.

请用"发生"完成句子：

1）过马路的时候要注意安全，要不然＿＿＿＿＿＿＿＿＿＿＿＿。

2）＿＿＿＿＿＿＿＿＿＿＿＿＿＿＿＿＿＿，我总是找他帮忙。

4. Adj 倒是 Adj，可（是）……（...indeed... however...）

This conjunctive structure is used to express a tone of concession. In the first clause, the speaker acknowledges the stated fact, and the second clause introduced by "可" expresses a turn in meaning

此关联结构用来表示让步关系。第一个小句陈述事实，第二个小句表达意思的转折。

Eg.

（1）这种电话卡便宜倒是便宜，可不知道好用不好用。

　　This kind of phone card is indeed very cheap, but I am not sure about the quality.

(2) 用这个法子泡茶好喝倒是好喝，可就是太不方便了。

Tea made in this way is indeed tasty, but it is too troublesome.

请用"adj 倒是 adj，可（是）"完成句子：

1）A：你不是觉得这件衣服好看吗？怎么没买？

B：_____。

2）A：你的宿舍离学校这么近，一定很方便。

B：_____。

5. Adj 得不得了 (extremely...)

The suffix "不得了" is a complement to adjectives, indicating an extreme degree.

"不得了"用在形容词后作补语，表示程度高。

Eg.

(1) 他开车的速度真是快得不得了。

He drives extremely fast.

(2) 这个三星级宾馆干净得不得了。

This three star hotel is extremely clean.

请用"……得不得了"完成句子：

1）A：最近北京的天气怎么样？

B：_____。

2）A：北京的出租车司机说话快吗？

B：_____。

3）A：你喜欢中国功夫（kung fu）吗？

B：_____。

练 习

课文理解 Comprehension

根据课文内容回答问题 Answer the questions based on the text

1）在康书林的大学，怎么办上网卡？
2）李月珊买手机一共花了多少钱？
3）"挨宰"是什么意思？
4）为什么说网络让世界变小了？
5）练习用中文发短信有什么好处？

词汇和句型练习 Vocabulary and Structure

1 选词填空 Choose the proper words to fill in the blanks

挨宰　推荐　热情　种类　打折　便宜　网络

1）现在手机的＿＿＿＿真多呀，你能给我＿＿＿＿一种吗？
2）我以为北京的东西都很＿＿＿＿，去了以后才知道，很多东西比美国贵多了。
3）有了＿＿＿＿，我们的生活方便多了。
4）我问一个中国学生怎么去邮局，他非常＿＿＿＿地告诉了我。
5）这个手机，是我在一个小商店里花了2000块钱买的，我的同学只花了600块。我＿＿＿＿了！
6）这件衣服很漂亮，可是太贵了，能＿＿＿＿吗？

随时随地　帮助　一下子　全　不好意思　发生

1）今年纽约＿＿＿＿了很多糟糕的事。
2）考试的时候我紧张极了，学过的东西＿＿＿＿都忘了。

3）他在北大非常有名，_____校的人都知道他。

4）今天上课的时候只有她一个人来晚了，她觉得特别_____。

5）你可以把我的电话写下来，有问题可以_____跟我联系。

6）A：为什么你喜欢跟中国饭馆儿里的服务员聊天？
　　B：因为跟服务员聊天对我的中文有很大的_____。

2 模仿造句 Construct sentences following the examples

1）服务员，你们这里什么菜好吃？你能给我推荐几个吗？
　（给sb.推荐）

2）从我家到学校，骑自行车最少得30分钟。
　（最少）

3）小张的书包不见了，花了好长时间才找到。
　（花……才……）

4）每天早上的听写对我们练习汉字有很大帮助。
　（对……有帮助）

5）我不喜欢这个饭馆儿，因为屋子里没有空调，而且服务员的服务态度也不好。
　（而且）

6）我常常用发短信的法子跟朋友联系，因为发短信又便宜又方便。
　（A跟B联系）

7）刚到中国的时候，她根本不知道在小摊儿买东西可以讨价还价。
　（根本不/没）

8）他下课以后不是睡觉就是看电视，这就是为什么他考试没考好的原因吧。

（这就是为什么……的原因）

3 用所给的词语完成句子
Complete the sentences using given words

1）我的电脑好像有点儿问题，_____（速度）
2）这个问题不难，_____（一下子）
3）有了网络，_____（Adj+得不得了）
4）在这儿学开车要小心(be careful)，_____（要不然）
5）听说北京最近_____（发生）

4 用所给的词语和句型完成对话
Complete the dialogues using given words or patterns

1）A：在美国上大学贵不贵？
　　B：_____（连……，加上……，一共……）
2）A：我学了一年中文，为什么还是听不懂中国人说什么？
　　B：_____（这就是为什么……的原因）
3）A：你觉得这个饭馆儿怎么样？
　　B：_____（adj 倒是 adj，可（是）……）
4）A：你买这件衣服，讨价还价了吗？
　　B：_____（要不然）

5 翻译 Translation

1) My Chinese family recommended a very good laptop to me.

2) The guy who sells phone cards gave me a ten-percent discount.

3) He's already gotten accustomed to the air in Beijing, and he's beginning to feel at home.

4) Whether you like it or not, you have to speak only Chinese this summer.

5) In China, sending a text message is much cheaper than making a cell phone call.

6) It took me an hour to finish the letter to my Chinese friend.

7) Some people use their cell phones to send text messages in order to save money.

成段表达 Speaking

完成对话 Complete the dialogues

1) Topic: 买车

A：_____？

B：这辆车10万块钱。

A：你能给我_____吗？

B：可以，_____8.5_____。

A：你最多_____？你们这儿可以使用_____卡吗？

B：如果你有_____，我_____打8折。

A：你们这儿什么时候打折最多？

B：不管_____，8折_____最便宜的了。

A：你再给我多打点儿折，要不然_____。

2) Topic: 上网

A：听说你的宿舍可以上网了？

B：_____。（而且）

第三课　网络、手机真方便

A：你上网一般干什么？
B：_____。（发邮件，聊天，看新闻）
A：能上网，觉得生活很方便吧？
B：_____。（一下子，变）
A：你每天都给父母发邮件吗？
B：_____。（每星期，跟……联系）

阅读理解 Reading Comprehension

中国人为什么喜欢发短信

很多刚到中国的外国人会发现，中国人很喜欢用手机发短信。在公共汽车上，在办公室，甚至在教室里，你都会看到有人在发短信。这不但是因为发短信很便宜，还因为中国人不太习惯**当面**说出自己的**感情**，发一条短信既方便，又不会让人不好意思。现在，每到节日，发一条**祝福**短信，已经成了新的**时尚**。下面就是一些祝福短信，有时间你也可以发一条给朋友。

也许一毛钱买不到**幽香**的玫瑰，也许一毛钱买不到**苦涩**的咖啡，也许一毛钱买不到**甜蜜**的巧克力，但是一毛钱可以传达祝福：天冷了，保重身体！

世间本无**沙漠**，我想你一次，上帝就落下一粒沙，从此有了**撒哈拉**！这世界本没海，只因我每想你一次，**上帝**就掉下一滴**眼泪**，于是有了**太平洋**。

我托空气为**邮差**，把我深深的思念装订成包裹，印上真心为**邮戳**，37度恒温**快递**，收件人是你。祝你生日快乐！

补充词汇 Vocabulary

当面	dāng miàn	Adv.	in one's face
感情	gǎnqíng	N.	feeling
祝福	zhùfú	V.	bless

时尚	shíshàng	N.	fashion
幽香	yōuxiāng	Adj.	fragrant
苦涩	kǔsè	Adj.	bitter
甜蜜	tiánmì	Adj.	sweet
沙漠	shāmò	N.	desert
撒哈拉	sǎhālā	PN.	the Sahara Desert
上帝	shàngdì	N.	God
眼泪	yǎnlèi	N.	tears
太平洋	tàipíngyáng	PN.	the Pacific Ocean
邮差	yóuchā	N.	postman
邮戳	yóuchuō	N.	post mark
快递	kuàidì	N.	express mail

写作训练 Writing

要是生活里没有网络……

_____
_____
_____
_____
_____
_____

第四课

我只说中文

语言誓约

康书林：一边上课一边倒时差，困死我了。I'm exhausted!
李月珊：你怎么说起英语来了。你忘了我们刚才已经签了语言誓约，我们现在只能说中文了。
康书林：反正是在宿舍，我们说英文，老师不会知道。
李月珊：老师是不知道，可是我们也不能自己骗自己呀。我们到中国不是来学中文的吗？

康书林：可是我很不习惯下了中文课以后，还跟你说中文。
李月珊：没关系，时间长了就习惯了。
（敲门声。是中国学生小马）
李月珊：你好！小马。来，我给你们介绍一下。（对康书林说）他是我的鱼言伙伴，今天刚认识。
康书林：什么"鱼"言伙伴？你跟他说鱼言？鱼有语言吗？你不是鱼，怎么会说鱼的话？他是你的"语"言伙伴，不是"鱼"言伙伴。
李月珊：我的发音是不好，可是我说的是中文。不像你，老违反语言誓约说英文。（对小马）小马，你找我有事吗？
小　马：我的一个朋友想找一个交换语伴学习英文。一周一次，一次两个小时，他帮你练习中文，你教他英文。
李月珊：我觉得不好。我到中国来就是为了学中文。再说我们今天签了语言誓约，以后，就只能说中文了。
康书林：你说得对极了。不过，我们说中文就应该说正确的中文。如果四声不对，就像你，把"语"言说成"鱼"言，别的同学会受到不好的影响。
李月珊：老师说学外语就是要多说多练。在中国，我们应该利用一切机会练习说中文。只要努力，总有一天我们的中文就会像中国人的一样好。我在想要不要搬到中国人家里去住呢。

（二）短文

我的中文梦——李月珊的一篇作文

记得刚学中文的时候，我的中文老师就告诉我们："你们每天晚上睡觉以前学一会儿中文，对你们记中文会有很大的帮

第四课　我只说中文

助，而且还有可能做一个说中文的梦。"不知道为什么，我在美国学了一年的中文，每天睡觉以前背十个中文单词，中文也有了很大的进步，可是从来没在梦里说过中文。

　　昨天我做了一个很奇怪的梦。在梦里我不但说中文，而且说得非常快。在梦里，我们在课堂上讨论为什么中国的银行里总是有那么多人。康书林说，中国人到银行除了存钱取钱，还在银行付电话费、水电费和房费；如果能在网上付这些费用，银行的人就会少多了。有的同学问为什么中国人不用个人支票，很多商店都不接受信用卡，什么都得用现金，带很多现金很危险。有人说这是因为中国现在还很落后，中国人还不习惯用信用卡。我不同意他的看法，就大声说："中国现在一点儿都不落后，有的地方甚至比美国还先进，比方说我们的宿舍、我们的教室……"我越说越快，别的同学都没有说话的机会。老师说："李月珊的中文不但说得快，而且很准确。"

　　就在这时，我醒了。我真高兴，因为这是我第一次在梦里说中文，而且还说得那么流利。我想这是因为签了语言誓约以后我们每天都得说中文，不能说英文。我真希望天天做这样的梦，更希望我能美梦成真。

（一）

誓约	誓約	shìyuē	N.	pledge
时差	時差	shíchā	N.	time difference; jet lag
倒	倒	dǎo	V.	to inverse, to turn upside down, to adjust (jet lag)

困	睏	kùn	Adj.	sleepy
签	簽	qiān	V.	to sign
反正	反正	fǎnzhèng	Adv.	anyway
自己	自己	zìjǐ	Pron.	oneself; one's own
骗	騙	piàn	V.	to deceive, to fool, to cheat
下课	下課	xià kè	V-O.	to get out of class, to finish class
介绍	介紹	jièshào	V.	to introduce, to present; introduction
伙伴	夥伴	huǒbàn	N.	partner, associate, buddy
语言	語言	yǔyán	N.	language
老	老	lǎo	Adv.	always
违反	違反	wéifǎn	V.	to violate (rules, regulations)
交换	交換	jiāohuàn	V.	to exchange, to interchange
周	周	zhōu	N.	week
为了	為了	wèile	Prep.	for, in order to
再说	再說	zàishuō	Conj.	in addition, furthermore
正确	正確	zhèngquè	Adj.	correct, right
四声	四聲	sìshēng	N.	four tones
受到	受到	shòudào	V.	to get, to be given, to receive, to suffer
影响	影響	yǐngxiǎng	V.,N.	to influence, to impact; influence
利用	利用	lìyòng	V.	to take advantage of
机会	機會	jīhuì	N.	opportunity, chance

只要	只要	zhǐyào	*Conj.*	if only, as long as, provided
总有一天	總有一天	zǒng yǒu yì tiān		one day, eventually
搬	搬	bān	*V.*	to move, to remove, to transport

(二)

梦	夢	mèng	*N.*	dream; fancy
作文	作文	zuòwén	*N.*	composition
记得	記得	jìde	*V.*	to remember
记	記	jì	*V.*	to memorize, to learn by heart
做梦	做夢	zuò mèng	*V-O.*	to dream; day-dream; fancy
背	背	bèi	*V.*	to learn by rote
单词	單詞	dāncí	*N.*	word
进步	進步	jìnbù	*V.*	to improve
课堂	課堂	kètáng	*N.*	classroom, schoolroom
讨论	討論	tǎolùn	*V.*	to discuss, to talk over
总是	總是	zǒngshì	*Adv.*	always
除了	除了	chúle	*Prep.*	besides
付	付	fù	*V.*	to pay
电话费	電話費	diànhuàfèi	*N.*	phone bill
水电费	水電費	shuǐdiànfèi	*N.*	utility
房费	房費	fángfèi	*N.*	rent
费用	費用	fèiyòng	*N.*	fee, cost, expense, charges
个人支票	個人支票	gèrén zhīpiào	*NP.*	personal check
接受	接受	jiēshòu	*V.*	to accept

信用卡	信用卡	xìnyòngkǎ	N.	credit card
现金	現金	xiànjīn	N.	cash
危险	危險	wēixiǎn	Adj.	dangerous
落后	落後	luò hòu	Adj., V.	backward; to lag behind
同意	同意	tóngyì	V.	to agree, to consent, to approve
大声	大聲	dà shēng		loudly
甚至	甚至	shènzhì	Conj.	even; (go) so far as to, even to the extent that
先进	先進	xiānjìn	Adj.	advanced
准确	準確	zhǔnquè	Adj.	accurate, exact, precise
醒	醒	xǐng	V.	to wake up, to be awake
流利	流利	liúlì	Adj.	fluent, glibly
希望	希望	xīwàng	V., N.	to hope; aspire
更	更	gèng	Adv.	even more
美梦成真	美夢成真	měi mèng chéng zhēn	IE	A dream comes true

语法结构

1. V 起来 (start to)

This is originally a V-CD (Verb + Directional Complement) structure, and "起来" roughly equals to "up" in English phrasal verbs such as "get up", "sit up". Another important usage of this structure suggests the sudden start of an action which tends to continue. Please note that when the verb takes a direct object, "起来" will be split by the object, and the structure becomes V

起O来.

"起来"是一个趋向补语，但也可以表示动作突然开始并将持续下去。注意如果动词后要接一个直接宾语，直接宾语在"起"与"来"中间。

Eg.

（1）他看电视的时候突然(tūrán: suddenly)笑起来。
　　　He laughed suddenly while watching TV.
（2）我很困，所以上课的时候睡起觉来。
　　　I was tired, so I fell asleep during the class.

请用"V起（O）来"完成句子：
1）我已经习惯每天说中文了，昨天跟我的美国朋友打电话的时候，_____。
2）他昨天一定没睡好，刚才看电影的时候_____。

不是……吗？(Isn't it true that...?)

This structure is used to form a rhetorical question, in order to emphasize a point that is known to both the speaker and the hearer. "不是" should be placed right before the element that the speaker tries to emphasize.

这是一个典型的反问句结构，用来强调说话者的语气。"不是"放在被强调的部分之前。

Eg.

（1）你不是刚买了一个新手机吗？
　　　Isn't it true that you just bought a new cell phone?
（2）在美国，不是在什么地方都可以用信用卡吗？
　　　Isn't it true that credit card can be used anywhere?

请用"不是……吗？"完成句子：
1）你怎么还说英文，_____？
2）你应该把水烧开了再喝，你忘了，在中国_____？

3. V 一下 (do something very briefly)

"一下" is a measure for actions. It indicates the action lasts very briefly. Sometimes it is used to express a tone of politeness in making a request.

"一下"是一个动量词，表示动作持续的时间很短，常用于祈使句中，表示客气的语气。

Eg.

(1) 你看一下这个短信。

　　Have a look at this text message.

(2) 请您在这儿签一下名字。

　　Please sign your name here.

(3) 我去一下就来。

　　I will be back soon.

请用"V一下"完成句子：

1) _____，去北京大学怎么走？

2) 这是你们第一次来我们校园，我来_____。

4. 再说 (furthermore, in addition)

This is a conjunct that introduces new evidences or reasons for the same argument

该连词用于引出一个新的原因或理由。

Eg.

(1) 去中国可以了解中国的文化，再说，还可以练习练习中文。

　　If you go to China, you will know more about Chinese culture. In addition, you can practice your Chinese.

(2) 你还是带一点儿现金吧。不是每个地方都可以用信用卡，再说买东西用现金更方便。

　　You'd better bring some cash with you. Credit cards are not accepted everywhere. Plus, it is more convenient to pay cash when doing shopping.

请用"再说"回答问题：

1）A：你为什么决定住在中国人家里？

B：_____。

2）A：你喜欢用中文给朋友发短信吗？为什么？

B：_____。

5. 把A+V成+B (mistake A for B, change A into B by...)

This typical "把" structure indicates 1) A is taken as B by mistake. 2) A is processed to become B. Please note that A is definite, which is known to both speaker and hearer.

这个典型的"把"字句一是表示情况弄错了，二是表示A经过加工变成B。注意A是定指和已知的。

Eg.

（1）我常常把他看成他的弟弟。

I often mistake him as his younger brother.

（2）你怎么把我的名字说成他的了？

How come you mistake my name with his?

（3）做这个菜，你得先把土豆（tǔdòu: potato）切（qiē: cut）成块（kuài: small pieces）。

To cook this dish, you should first cut the potato into small pieces.

请用"把A+V成+B"完成句子：

1）我的中国妈妈对我非常好，_____。

2）今天，一个我不认识的人热情地和我说话，我觉得很奇怪，后来才知道_____。

3）出租车费应该是50块钱，可是我却给了司机师傅（shīfu: master worker）5块钱，因为_____，闹了笑话，我觉得很不好意思。

6. 只要……就…… (as long as)

This structure is used to connect two clauses of conditional relation. The conjunction "只要" usually appears at the beginning of the subordinate clause which denotes the minimum condition or requirement, while the conjunctive adverb "就" appears after the subject of the main clause which shows the result.

该结构用于连接表示条件关系的两个小句。第一个小句是第二个小句的充分条件。注意"就"出现在第二个小句主语后。

(1) 只要你天天练习，你的中文就一定会有很大的进步。

As long as you practice everyday, your Chinese will definitely improve a lot.

(2) 只要努力，你就一定能够美梦成真。

As long as you work hard, your dream will certainly come true.

请用"只要……就……"回答问题：

1) A：你的中文怎么说得这么好？
   B：_____。

2) A：你想喝点儿什么？
   B：随便，_____。

7. 甚至 (even)

This is a conjunction that introduces an extraordinary case. The most common pattern is "A, B, 甚至 X". Note that A, B and X are parallel structures.

该连词用于引出一个特殊的例子。最常见的结构是"A, B甚至X"。A, B, X为相同词性的结构。

Eg.

（1）现在，在网上可以找朋友、租房子、买东西，甚至汇款。

Nowadays, you can make friends, rent house, shop on line, even remit money on line.

（2）李月珊利用一切机会说中文，甚至做梦也说中文。

Li Yueshan makes use of herself every opportunity to speak Chinese, even in her dream she also speaks Chinese.

请用"甚至"完成句子：

1）他刚到中国来的时候，一句中文也不会说，现在，他能用中文跟别人聊天，_____。

2）她很穷（poor），没有钱坐出租车，也没有钱买衣服，_____。

3）他去过很多地方旅行，中国、日本，_____。

越……越……(the more..., the more...; more and more)

The adverb "越" comes before each of the two elements, indicating that the degree progresses proportionally along with the change of the action. Therefore, the first element is usually a verb, while the second element tends to be an adjective.

该关联结构连接两个成分。第二个成分的程度随着第一个成分逐渐变化而变化。第一个成分一般为动词，第二个成分一般为形容词。

Eg.

（1）大卫的汉字越写越好。

The more David practices writing Chinese characters, the better he gets.

（2）康书林在中国越住越习惯。

Kang Shulin is getting more used to the life in China as he stays longer.

请用"越V越……"完成句子:

1) 她利用一切机会练习说中文,所以,_____。
2) 我们每天都学习40个生词,_____。
3) 她第一次听中文歌的时候,觉得不太习惯,可是听了几次以后,_____。

练 习

课文理解 Comprehension

根据课文内容回答问题 Answer the questions based on the text

1) 语言誓约说的是什么?
2) 李月珊为什么不想找交换语伴?
3) 李月珊刚学中文的时候,她的中文老师告诉她什么?
4) 在李月珊的梦里,康书林认为中国的银行里人很多的原因是什么?

词汇和句型练习 Vocabulary and Structure

1 选词填空 Choose the proper words to fill in the blanks

违反　机会　介绍　时差　利用　影响　正确　反正

1) 纽约跟加州有三个小时的_____。
2) 我们星期四晚上去玩儿吧,_____星期五不上课。
3) 我的语伴是一个很热情的人,他常常给我_____中国的传统文化(culture)。
4) 来中国以后,他只说中文,因为他不想_____语言誓约。
5) 要是你的四声不_____,别人就不明白你的意思。
6) 今天上课的时候,我的手机响了,_____了别人,我觉得非常不好意思。

7）我们应该＿＿＿＿＿＿在北京学中文的机会熟悉中国的文化。

8）我可能会去中国找工作，因为那里的＿＿＿＿＿＿很多。

> 同意　进步　正确　接受　甚至　希望

1）只要天天说中文，你的中文就会有很大的＿＿＿＿＿＿。

2）每个人都＿＿＿＿＿＿自己的国家越来越好。

3）有了网络，真方便，可以上网看新闻、买东西，＿＿＿＿＿＿找朋友。

4）在美国，不是几乎每家商店都＿＿＿＿＿＿信用卡吗？

5）他觉得四声不＿＿＿＿＿＿没关系，反正别人听得懂他的话；可是我不＿＿＿＿＿＿他的看法。

2　模仿造句 Construct sentences following the examples

1）我只用手机打电话，从来没发过短信。
（从来没 V 过）

2）我喜欢住在中国人的家里，因为这对熟悉中国文化很有帮助。
（对……有帮助）

3）以后我有可能会搬到中国去，所以现在我很努力地学习中文。
（有可能）

4）昨天我违反了语言誓约，正在跟朋友用英文聊天，就在这时，老师来了。
（就在这时）

5）虽然那家中国饭馆儿的菜很好吃，可是我却不喜欢，因为那里的服务员一点儿都不热情。
（一点儿都不 adj.）

6）中国菜是很好吃，可是我不习惯每天只吃中国菜。
（……是……，可是……）

7）因为还在倒时差，所以他上课的时候老想睡觉。
（老）

8）今天，我的中国妈妈打算教我包饺子。
（A 教 B VP/N）

9）我的朋友不会说中文，他来中国只是为了旅游。
（……是为了+purpose）

3 用所给的词语完成句子
Complete the sentences using given words

1）我不喜欢我的同屋，因为＿＿＿＿＿＿＿＿＿＿＿＿＿＿＿（老）
2）＿＿＿＿＿＿＿＿＿＿＿＿＿＿＿（为了），我决定搬到纽约。
3）这张桌子太重了，我搬不动，＿＿＿＿＿＿＿＿＿＿（V 一下）
4）你今天晚上还是在宿舍学习吧，＿＿＿＿。（……，再说，……）

4 用所给的词语和句型完成对话
Complete the dialogues using given words or patterns

1）A：已经11点了，你怎么还在睡觉？
　　B：＿＿＿＿＿＿＿＿＿＿＿＿＿＿＿＿＿＿＿＿＿（反正）
2）A：那是小李吗？
　　B：不是，＿＿＿＿＿＿＿＿＿＿＿＿＿＿＿＿（把……V 成）
3）A：在中国，很多年轻人穿美国衣服，看美国电影，吃美国饭。
　　B：是啊，＿＿＿＿＿＿＿＿＿＿＿＿＿＿＿（受到……的影响）

5 请给括号里的词选择合适的位置
Choose where to insert the words in parentheses

1）我觉得A有几个语言伙伴B对学中文C有帮助。（更）

2）A要想做梦B都说中文，C要在睡觉之前背中文单词。（一定）

3）中国饭是A好吃，可是B在一个饭馆儿吃，C就没那么好吃了。（老）

4）看他A对我的那个态度，我B真不知道他C喜欢不喜欢我。（到底）

5）A你想跟他去商场，B他没有时间，C他也不一定有兴趣。（再说）

6 翻译 Translation

1) Isn't it true that you have signed the Language Pledge?

2) I mistook the Internet card for a phone card.

3) As long as there is competition, there is good service.

4) The food in that Chinese restaurant is indeed great, but they don't have a lot of choices.

5) My Chinese has improved a lot in two years. It's getting not only more accurate but also more fluent.

6) If you keep ignoring the language pledge, your Chinese will be terrible at the end of the summer.

7) The more essays I write, the better my writing gets.

表达练习 Speaking

对话练习 Complete the dialogues

1）TOPIC: 语言伙伴

A：你能帮我找一个语伴吗？
B：你为什么要找语伴？
A：_____。（……是为了+purpose；再说）
A：你想多长时间见一次面？
B：_____。（一周N次，一次N个小时）

2）TOPIC: 发展中的中国

A：你觉得中国落后吗？
B：_____。（一点儿都不adj.）
A：可是我觉得中国有点儿落后，比方说，很多地方只能用现金，这让我觉得很不方便，你觉得呢？
B：_____。（A同意/不同意B的看法，有……进步）
A：你觉得中国的发展会越来越好吗？以后如果有机会，你还想再来中国吗？
B：_____。（希望）

阅读理解 Reading Comprehension

快八点了，我看着桌子上的时钟，心里很紧张："马上她就来了，我说什么呢？"

这是第一次和语言伙伴见面。我的听力不好，我说中文一点儿也不流利，我知道的单词很少，我从来没有跟中国人说过中文……我签语言誓约，是因为别人都签了，我不好意思不签。拿着笔，**偷偷地**看了看**周围**的同学：都是**信心十足**的样子！我也**装**成那样，**快速**写下自己的名字。

第四课　我只说中文

　　"她很漂亮，希望你**一举两得**。"朋友在介绍完这个语言伙伴，走的时候，**扔**下了这样一句话。
　　有人敲门。我打开门，一个**秀气**的姑娘站在门口，对我微笑。
　　"你是孔明吗？"
　　"是。"
　　"你好！我叫李文，是你的语言伙伴。我可以进来吗？"
　　"可以可以！请进！请进！"
　　"我可以坐下吗？"
　　"可以可以！请坐！请坐！"
　　天啊！我可以跟中国人说话了！
　　我听得懂她的问题，她也听得懂我的回答。我们的对话就这样开始了。
　　虽然我们的谈话很**简单**，但是这个"开始"让我信心十足！
　　这可不是装的！

补充词汇 Vocabulary

偷偷	tōutōu	Adv.	secretly
周围	zhōuwéi	N.	around
信心十足	xìnxīn shízú	IE	be full of confidence
装	zhuāng	V.	fake, pretend
快速	kuàisù	Adj.	to quickly
一举两得	yì jǔ liǎng dé	IE	kill two birds with one arrow
扔	rēng	V.	to throw
秀气	xiùqi	Adj.	delicate and elegant
简单	jiǎndān	Adj.	easy

第五课

中国家庭

（一）对话

我的中国家人

（在学校的大门口）

康书林：欸，李月珊，你抱着个大枕头干什么？

李月珊：我现在用的枕头有一点儿软，不舒服，我刚去买了一个硬一点儿的。

康书林：对了，你搬到中国人家里已经好几天了，住得惯吗？

第五课　中国家庭

李月珊：还不错。刚开始的时候，我觉得我的中国家人说话说得太快，不太明白。现在差不多能听懂大概的意思了。

康书林：那还用说吗？整天跟中国人住在一起，中文当然进步很快！那你跟你的中国家人相处得怎么样？

李月珊：他们对我都特别好，只是有几件小事情让我觉得有点儿不自在。

康书林：什么事情？

李月珊：第一，我的中国爸爸妈妈对我特别客气，什么家务活都不让我干，让我觉得自己是一个客人。第二，我的中国爸爸和妹妹对中美关系特别感兴趣，常常问我对中美关系有什么看法，可是我现在的中文水平还不够好，怎么能回答呢？第三，就是我的中国妈妈总是为我吃饭的事操心。本来我的家人不用管我的早餐，可是每天早上，我的中国妈妈都把早饭给我准备好。有时候，我起床太晚了，来不及吃饭，我的妈妈还让我把早饭带上，让我觉得非常不好意思。

康书林：这些都是好事情啊。

李月珊：我觉得太麻烦他们了。

康书林：我告诉过你，在中国人家里生活并不容易。

李月珊：尽管有一些困难，可是我还是觉得在中国人家里住好处比坏处多。

康书林：那是因为你现在还觉得新鲜。我敢说，再过三天你就会哭着搬出来。

李月珊：要是再过三天我没搬出来，怎么办？

康书林：我请你吃饭。

李月珊：那你肯定输。

康书林：很难说，谁输谁赢还不知道呢。三天以后再看吧！

(二) 短文

中国的小皇帝

中国从1979年开始实行独生子女政策后，一般一家只有一个孩子。虽然中国的人口还在增加，可是普通的中国家庭却变小了。由于每家只有一个孩子，对孩子的照顾自然很多。有人说现在的中国家庭是六个大人（爸爸妈妈，爷爷奶奶，姥姥姥爷）养一个孩子。不管孩子有什么要求，父母都会尽量满足。有些家长什么家务活都不让孩子干，结果有些孩子连做饭，洗碗这样简单的家务都不会。这些孩子也就是大家常常说的"小皇帝"。

可是别以为这些孩子的生活很轻松，其实他们在学习上的压力非常大。每天他们背着很重的书包去上学，很晚才回家，晚上还要做很长时间的功课。由于中国的人口太多，上大学、找工作的竞争很厉害，加上中国的传统文化很注重教育，所以家长们对孩子的教育非常重视。可以说，家长们把希望和注意力都放在了孩子身上，孩子们把时间和精力都用在了学习上。

你觉得"小皇帝"的生活是幸福还是辛苦呢？

词汇

(一)

家庭	家庭	jiātíng	N.	family, household
抱	抱	bào	V.	to hold or carry in the arms
枕头	枕頭	zhěntou	N.	pillow

软	軟	ruǎn	Adj.	soft, flexible
硬	硬	yìng	Adj.	hard, stiff; firm, tough
对了	對了	duìle	V.	by the way
住得惯	住得慣	guòdeguàn	VP.	to get used to a certain living condition
差不多	差不多	chàbuduō	Adj., Adv.	almost, nearly; that's about it
大概	大概	dàgài	Adj., Adv.	approximate; roughly
那还用说	那還用說	nàháiyòngshuō	IE	Sure!
整天	整天	zhěng tiān		the whole day, all day long
相处	相處	xiāngchǔ	V.	to get along (with one another)
自在	自在	zìzài	Adj.	at ease
客气	客氣	kèqi	Adj.	extra polite, courteous
家务活	家務活	jiāwùhuó	N.	house chores
中美	中美	zhōngměi	PN.	China and the U.S
关系	關係	guānxi	N.	relation, connection
感兴趣	感興趣	gǎn xìngqù	V-O.	to become interested
水平	水準	shuǐpíng	N.	standard, level, proficiency
操心	操心	cāo xīn	V-O.	to worry, to be concern about (usually by a parental figure)
本来	本來	běnlái	Adv.	original; originally, at first
管	管	guǎn	V.	to manage, to be in charge of, to take care of
准备	準備	zhǔnbèi	V.	to prepare
起(床)	起(床)	qǐ chuáng	V-O.	to get up

来不及	來不及	láibují	VP.	be too late to do sth
麻烦	麻煩	máfan	Adj., V.	troublesome; to bother
并（不）	並（不）	bìng (bù)		contrary to expectation (not)
尽管	儘管	jǐnguǎn	Conj.	even though, in spite of
困难	困難	kùnnan	N., Adj.	difficulty; difficult
好处	好處	hǎochù	N.	pros, benefit, advantage
坏处	壞處	huàichù	N.	cons, harm, disadvantage
新鲜	新鮮	xīnxiān	Adj.	fresh (food, experience)
敢	敢	gǎn	V.	to dare, to have courage to
哭	哭	kū	V.	to cry, to weep
肯定	肯定	kěndìng	Adv.	definitely
输	輸	shū	V.	to lose, be defeated
难说	難說	nánshuō	V.	unsure, hard to say
赢	贏	yíng	V.	to win; to gain profit

（二）

皇帝	皇帝	huángdì	N.	emperor
开始	開始	kāishǐ	V.	to start
实行	實行	shíxíng	V.	to put into practice, to carry out
独生子女	獨生子女	dúshēng zǐnǚ	NP.	only child
政策	政策	zhèngcè	N.	policy
增加	增加	zēngjiā	V.	to increase, to raise, to add
由于	由於	yóuyú	Prep.	owing to, thanks to, due to
照顾	照顧	zhàogù	V.	to take care of; to look after; care

爷爷	爺爺	yéye	N.	paternal grandfather
奶奶	奶奶	nǎinai	N.	paternal grandmother
姥姥	姥姥	lǎolao	N.	maternal grandmother
姥爷	姥爺	lǎoye	N.	maternal grandfather
养	養	yǎng	V.	to support, to provide for; to raise
要求	要求	yāoqiú	N.	needs, requirements
尽量	儘量	jǐnliàng	Adv.	to one's best ability
满足	滿足	mǎnzú	V.	to satisfy
结果	結果	jiéguǒ	Conj., N.	as a result; consequence
洗碗	洗碗	xǐ wǎn	V-O.	to wash dishes
简单	簡單	jiǎndān	Adj.	simple, uncomplicated
以为	以為	yǐwéi	V.	to (wrongly) think, to believe
轻松	輕鬆	qīngsōng	Adj.	relaxed, light-hearted
其实	其實	qíshí	Adv.	as a matter of fact
压力	壓力	yālì	N.	pressure; burden
重	重	zhòng	Adj.	heavy
功课	功課	gōngkè	N.	schoolwork; homework
人口	人口	rénkǒu	N.	population
厉害	厲害	lìhai	Adj.	fierce, formidable, severe
文化	文化	wénhuà	N.	culture, education
注重	注重	zhùzhòng	V.	to attach importance to (a particular aspect)
教育	教育	jiàoyù	V., N.	to educate; education, schooling
重视	重視	zhòngshì	V.	to value
注意力	注意力	zhùyìlì	N.	attention

放	放	fàng	V.	to place
身上	身上	shēnshang	N.	on one's body, on someone
精力	精力	jīnglì	N.	energy, vigor
幸福	幸福	xìngfú	Adj.	happy, be blessed
辛苦	辛苦	xīnkǔ	Adj.	hard, exhausting with much toil

语法结构

1. A 跟 B 相处 (A get along with B)

A is a subject, "跟 B" is a preposition structure to introduce the object. "见面", "说话", "聊天", etc. are used as a predicate, these actions are completed by both parties. "跟" can often be replaced by "和".

A 为主语，"跟 B" 为一个介词结构表示对象，谓语多为"见面"、"说话"、"聊天"等需双方共同完成的动作。"跟"常被"和"替换。

（1）我跟我的中国家庭相处得非常好。
　　I get along very well with my Chinese family.

（2）跟他相处的时候，我觉得有点儿不自然。
　　When I'm with him, I feel a little awkward.

请用"A 跟 B 相处"回答问题：

1）A：你跟你的新同学相处得怎么样？
　　B：_____。

2）A：什么样的人很容易相处？
　　B：_____。

2. 对……感兴趣 (become interested in).

The preposition "对" introduces the target or the partaker of the object. "对" is similar to "对于", however, "对" implies more action meaning than "对于".

介词"对"引进对象或事物的关系者。"对"和"对于"的用法差不多，但是"对"保留的动词性较强。

(1) 中国对中美关系特别重视。
China regards China-US relations as a very important issue.

(2) 妈妈对孩子的照顾可以说是无微不至。
Mothers take good care of their children in every possible way.

(3) 你对中国传统文化感兴趣吗？
Are you interested in traditional Chinese culture?

请用"对……感兴趣"回答问题：

1) A：你夏天为什么要去南美旅行？
   B：_____。

2) A：你好像很喜欢看电影。
   B：_____。

3. 第一……；第二……；第三…… (first, second, third...)

This structure is used to enumerate several related aspects.
该结构常用于列举相关的几个方面。

(1) 住在中国人家里好处很多：第一……；第二……；第三……
There are many advantages living with a Chinese family: first..., second..., third...

(2) 在国外生活，我有几点还是不太习惯：第一……；第二……；第三……。

There are several things about living abroad that I am not used to yet: first...; second...; third....

请用"第一……；第二……；第三……"回答问题：

1) A：你为什么要学中文？
   B：＿＿＿＿＿＿＿＿＿＿＿＿＿＿＿＿＿＿＿＿＿＿＿＿＿。

2) A：为什么这么多人去纽约找工作？
   B：＿＿＿＿＿＿＿＿＿＿＿＿＿＿＿＿＿＿＿＿＿＿＿＿＿。

4. 并不/没（有）

"并" is used to emphasize in the negative sentence.

"并"用在否定式中，有强调的作用。

（1）在美国并不是每个饭馆儿都可以用信用卡。
   In America, not every restaurant accepts credit cards.

（2）你错了，我并没有违反语言誓约。
   You're wrong. I didn't defy my language pledge.

请用"并不/没（有）"回答问题：

1) A：你昨天去邮局了吗？小王说他在邮局看到你了。
   B：＿＿＿＿＿＿＿＿＿＿＿＿＿＿＿＿＿＿＿＿＿＿＿＿＿。

2) A：我觉得坐飞机很危险。
   B：＿＿＿＿＿＿＿＿＿＿＿＿＿＿＿＿＿＿＿＿＿＿＿＿＿。

5. 再过+Time Duration, ……就…… (another ...from now, then...)

"再过+Time Duration" forms a temporal adjunct and can appear before or after the subject. This structure indicates sth will happen after a period of time.

"再过+时间段"形成了一个可前置的结构，"再过+时段，就"表示过段时间，事情就会发生。

Eg.

（1）再过十几年，中国传统的大家庭说不定就没有了。

Another ten years from now, there might not be anymore traditional extended families in China.

（2）我们再过两个星期就会有一个大考。

We're going to have a big exam in two weeks.

请用"再过 + Time Duration，……就……"回答问题：

1）A：她的生日好像快到了。

　　B：_____。

2）A：这个星期你怎么这么忙？

　　B：_____。

6. 由于 （due to, because of）

"由于" can be used to introduce a causative clause or reason.

"由于"用来引出事情的起因或理由。

Eg.

（1）每个人的发言(fāyán: speech)由于时间关系不能太长。

Due to time constraints, everyone's speech cannot be too long.

（2）由于家庭结构(jiégòu: structure)的改变，人们的很多生活习惯也改变了。

Due to the changes in family structure, people have changed their life style a lot.

请用"由于……"完成句子：

1）A：中国为什么要实行独生子女政策？

　　B：_____。

2）在中国，_____，
所以买东西要常常带现金。

7. 什么 NP 都 VP (whatever, anything, everything)

This structure is used to emphasize the indefiniteness of the noun phrase. The NP can be dropped if "什么" means "anything, everything".

该结构用来强调名词短语的任指性。如果"什么"表达"任何事物",那么名词短语可以省略。

(1) 首都机场什么时候人都很多。
　　 The Capital Airport is always crowded.

(2) 他好像什么都知道。
　　 He seems to know everything.

(3) 时间这么少,什么事都来不及做。
　　 Time is so limited that nothing can be done in time.

请用"什么NP都VP"完成句子:

1) 有人说,中国的小皇帝_____。

2) A：你想吃点儿什么?
　　B：我今天不太舒服,_____。

3) A：明天就要考试了,晚上我们一起看书吧。
　　B：太累了,我今天_____。

8. 结果 (the result is; it turns out)

This conjunction is used to introduce a resultative clause. Please note that it often but not always denotes a negative or unexpected result.

该连词用来引出一个表示结果的小句。注意小句所表示的结果常常是不愉快的,或者出人意料的。

(1) 康书林输了,结果得请李月珊吃饭。
　　 Kang Shulin lost. As a result, he has to treat Li Yueshan to dinner.

(2) 他的中国朋友对他特别客气,结果让他觉得很不自然。

His Chinese friends are particularly courteous, which makes him feel uncomfortable.

请用"结果"完成句子：
1) 他刚来中国，不会讨价还价，_____。
2) 李月珊说话不注意四声，_____。

 连……都 (even...)

This structure can used to emphasize a certain element in a sentence, subject, fronted object, verb predicate, or time adjunct. "连" appears before the element that is to be emphasized, and "都" appears before the verb.

此关联结构用来强调句子当中某一个成分，可以是主语、前置宾语、谓语动词，或者时间副词。"连"出现在所强调的成分前，"都"出现在动词前。

Eg.

（1）他工作很忙，连星期天都不能休息。

He is so busy with his work that he can't rest even on Sundays.

（2）这个字很难，连老师都常常忘了怎么写。

This character is very hard. Even the teacher often forgets how to write it.

（3）我连想都没想就告诉他结果了。

I told him the result without even thinking.

请用"连……都……"完成句子：
1) 这个字太难了，_____。
2) 刚开始学中文的时候，他_____。
3) A：你知道成龙（Jackie Chan）吗？
   B：当然知道，他这么有名，不但中国人知道他，_____。

把……V在 (place something at some place)

This is a typical "把" structure. "在", together with the place word it takes, serves as the complement to the verb, showing the person or thing is as the result of the action.

这是一个典型的"把"字句，表示处置的处所和方位。

Eg.

（1）妈妈让我把早饭放在书包里，带到学校去吃。
Mom told me to put my breakfast in the bag and carry it to school to eat.

（2）你别把我一个人留在这儿。
Don't leave me here alone.

请用"把……V在"完成句子：

1）A：你看到我的中文书了吗？
   B：_____。

2）她有两个孩子，_____，没有时间做自己的事。

练 习

课文理解 Comprehension

根据课文内容回答问题 Answer the questions based on the text

1）李月珊在中国人家里住得惯吗？
2）李月珊跟她的中国家人相处得怎么样？
3）什么事让李月珊觉得不自在？

第五课　中国家庭

4）为什么大家把现代中国家庭中的小孩子叫作"小皇帝"？
5）为什么说"小皇帝"的生活并不轻松？

词汇和句型练习 Vocabulary and Structure

1 选词填空 Choose the proper words to fill in the blanks

> 准备　操心　麻烦　新鲜　来不及　尽管　感兴趣

1) ＿＿＿＿用信用卡很方便，可是很多中国人还不习惯用。
2) 我经常工作到晚上12点才能回家，所以妈妈常常为我的安全问题＿＿＿＿。
3) 你起得这么晚，总是＿＿＿＿吃早饭，这样对身体不好。
4) 我对我的专业特别＿＿＿＿，所以虽然学习很累，我却很高兴。
5) 为了＿＿＿＿下个月的考试，我已经很长时间没出去玩儿了。
6) A：我认识很多留学生，可以帮你介绍一个语伴练习中文。
   B：太好了！谢谢，太＿＿＿＿你了。
7) 外国人刚到中国都觉得很＿＿＿＿，时间长了，有些人就会觉得没意思了。

> 压力　增加　以为　由于　重视　实行　厉害

1) 听说美国人非常＿＿＿＿私人空间（privacy）。
2) ＿＿＿＿很多人去银行付电话费、水费和房费，所以银行里总是人很多。
3) 不要给孩子们＿＿＿＿压力了。
4) 我＿＿＿＿上大学以后生活就会很轻松，其实大学生的学习＿＿＿＿很大。
5) 发生经济危机（economic crisis）以后，国家决定＿＿＿＿新的经济政策。
6) A：今天他怎么没来上课？
   B：他生病了，而且病得很＿＿＿＿。

2 模仿造句 Construct sentences following the examples

1）尽管骑自行车比开车慢一些，可是对身体很好。
（尽管……可是……）

2）已经9点多了，我可能来不及上飞机了！
（来不及vp）

3）我本来以为用中文发短信很难，可是现在习惯了，觉得很方便。
（本来……可是……）

4）你来上海三天了，上海菜吃得惯吗？
（v得惯）

5）小张很不喜欢收拾房间，所以他想找一个小一点儿的地方住。
（adj.一点儿）

6）David从来没有来过中国，加上父母不在身边，所以很不适应这里的生活。
（……加上……，所以……）

3 改写句子 Rewrite the following sentences

1）这道题这么容易，他却不会做。
（连……都……）

2）他晚上总是出去玩儿，所以功课总是做不完。
（结果）

3）有了网络以后，我们的生活越来越方便了。
（A使B……）

4）他很喜欢看书，大部分时间都在看书。
（把……用在……上）

4 用所给的词语完成句子
Complete the sentences using the given words

1）虽然我很喜欢看书，可是 _____ （整天）
2）我本来觉得我吃不惯美国菜，_____ （结果）
3）你错了，美国大学生的生活 _____ （并不）

5 用所给的词语和句型完成对话
Complete the dialogues using the given words or patterns

1）A：没想到你买了这么多中文书！
   B：_____ （对……感兴趣）
2）A：你搬到这儿多长时间了？
   B：_____ （再过+time Duration+就）
3）A：你喜欢这个学校的新同学吗？
   B：_____ （A 跟 B 相处）
4）A：为什么美国的大学生整天学习？
   B：_____ （对……很重视）

6 翻译 Translation

1) He entered the room with a book in his hand.

2) I believe that he is very interested in Chinese-American relations.

3) My friends asked me if I could adjust to life in China easily.

4) Because of the one-child policy, Chinese families are smaller than they used to be.

5) Do not think that college life is easy—students are under a lot of academic pressure.

6) Traditional Chinese culture attaches great importance to education, which results in intense academic competition.

表达练习 Speaking

1 对话练习 Complete the dialogues

1) TOPIC: "小皇帝"

A：听说现在的中国孩子都是小皇帝？

B：是啊，_____。
(养，独生子女，照顾，什么……都……，连……都……)

C：你们没有住在中国人家里，不知道中国孩子的生活，别以为"小皇帝"都很幸福，其实_____。
(轻松，压力，注重，竞争，把……放/用在……上)

2) TOPIC: 在医院

A：李月珊怎么生病了？

B：_____。
(由于，……加上……，所以……，厉害，照顾)

第五课　中国家庭

2　成段表达 Mini talk

上完大学以后，你希望找一个钱多一点儿的工作还是假期（vacation）多一点儿的工作？说说你的想法。

（再过……就……，本来……可是，对……感兴趣，自在，v 得惯/v 不惯，adj.一点儿，感觉，麻烦，并不，尽管……可是……，困难，好处，肯定）

阅读理解 Reading Comprehension

记得我十五岁生日的那一天，爸爸给我买了一把**吉他**，那天以前，我从来没摸过吉他。刚买来的时候，我对弹吉他一点儿兴趣都没有。不过，有一天，爸爸用吉他弹了一首歌，让我一下子就想学弹吉他了！真没想到吉他的声音那么好听，不知道为什么，我觉得那天听到的吉他的声音比以前在电视上听到的好听多了！我兴奋极了，就让爸爸教我弹吉他。

虽然我很喜欢弹吉他，可是每天练习却一点儿都不**轻松**。我每天把**业余时间**都用在练习上，吃饭的时候想着弹吉他，去学校的路上想着弹吉他，甚至连做梦都在弹吉他。爸爸说，他刚学弹吉他的时候也和我一样兴奋，整天抱着吉他，可是练习很辛苦，他越练越觉得累，就有点儿想**放弃**了。不过，他觉得只要**开始**做一件事情，就应该把这件事情做好。听了爸爸的话，我更努力了，每天都利用一切机会练习弹吉他，希望有一天可以弹得和爸爸一样好。

再过一个月就是爸爸的生日了，我想在他生日的时候为他弹一首曲子！

补充词汇 Vocabulary

吉他	jítā	N.	guitar
业余时间	yèyú shíjiān		spare time
放弃	fàngqì	V.	to give up
开始	kāishǐ	V.	to start to

回答问题 Answer the questions

1）爸爸什么时候给我买的吉他？刚开始我对弹吉他感兴趣吗？
2）后来，我为什么让爸爸教我弹吉他？
3）爸爸为什么没放弃弹吉他？
4）爸爸生日的那一天，我打算做什么？

社会调查 Social Survey

请你采访三个中国人，问问他们对独生子女政策的看法，并谈谈独生子女政策对中国的影响。

第六课

中国的饮食文化

（一）对话

地道的中国菜

（在饭馆儿）

康书林：服务员，先给我们来两瓶啤酒。
李月珊：你知道我不喝啤酒。
康书林：喝一点儿吧，你都赢了，还不喝一点儿。

李月珊：三天前你还说"再过三天你就会哭着搬出来。"怎么样，你输了吧？

康书林：我不那样说你能跟我出来吃饭吗？欸，月珊，你会不会用筷子，要不要帮你要一副刀叉？

李月珊：我从小就跟爸爸去中国饭馆儿吃饭，早就会用筷子了。

康书林：我在美国几乎每个星期都去中国城大吃一顿。

李月珊：看来你是吃中国菜的老手了？说说看，美国的中国菜和这里的有什么不一样？

康书林：那还用说吗？当然是这里的更地道。美国的中国菜那是给"老美"吃的，那是假的，这儿的才是真正的中国菜。

李月珊：既然你觉得美国的中国菜不地道，那你为什么还要常去吃呢？

康书林：因为即使是美国化的中餐也比美式快餐好吃多了。而且中国菜种类特别多，一顿饭你可以吃到牛肉、猪肉、鱼虾什么的。喜欢吃素的人也可以点各种各样的素菜。不像美式快餐，老是那几样。

李月珊：我也觉得很奇怪，中国有那么多好吃的东西，为什么在北京还有那么多肯德基、麦当劳呢？那都是"垃圾食品"啊。

康书林：吃"新鲜"呗。不过，我在北京吃过一次麦当劳，觉得味道跟美国的麦当劳有点儿不一样，挺好吃的。欸，我们再来两瓶啤酒吧？

李月珊：喝太多酒，对身体不好。

康书林：省得点别的饮料了，你知道不知道，中国的啤酒比水还便宜呢！

李月珊：难怪你不请我喝别的，只请我喝啤酒！

吃在中国

有人说：日本人用眼睛吃饭，中国人用舌头吃饭，美国人用肚子吃饭。由此看来，日本人注重吃饭的形式，中国人重视饭的味道，美国人重视吃饭的内容。即使你不同意这样的说法，你也得承认：从吃饭的方式上，我们常常可以看出一个国家的文化特点。

中国人对"吃"的重视和讲究可以说在世界上数一数二。比方说，中国人见面说"你好"，也常说"吃了吗"。好朋友聚会常常要大吃一顿。也有很多人喜欢在饭桌上谈生意。请人帮忙办任何事情都要先请客吃饭，而且饭馆儿要高级，饭菜要丰盛。有时候，一顿宴席的价格甚至超过了一个普通人的年收入。

中国饮食文化的丰富多彩还表现在什么都可以吃。有一种说法是"带翅膀的除了飞机什么都能吃，四条腿的除了桌椅什么都可以吃"。中国菜的做法也很多，有煎、炒、煮、炸，还有红烧、清蒸等。很多人觉得很奇怪，中国人这么讲究吃，为什么胖子不多呢？

中国地方很大，每个地方的饮食文化很不相同。要是你有机会去中国，一定要品尝各地的美食。

词汇

(一)

简体	繁體	拼音	词性	英文
饮食	飲食	yǐnshí	N.	food and drink
地道	地道	dìdao	Adj.	authentic, typical
来	來	lái	V.	to let (the waiter) bring...
啤酒	啤酒	píjiǔ	N.	beer, brewage
筷子	筷子	kuàizi	N.	chopstick
副	副	fù	MW.	pair, set
刀叉	刀叉	dāochā	N.	knife and fork
从小	從小	cóngxiǎo	Adv.	since one is very young
早就	早就	zǎojiù		long since
中国城	中國城	zhōngguóchéng	N.	Chinatown
大吃一顿	大吃一頓	dà chī-yí dùn	VP.	to have a great meal
老手	老手	lǎoshǒu	N.	master, old hand, veteran
老美	老美	lǎoměi	N.	nick name for Americans
假	假	jiǎ	Adj.	false, fake, artificial
真正	真正	zhēnzhèng	Adj.,Adv.	genuine, true, real; truly
既然	既然	jìrán	Conj.	since, now that
即使	即使	jíshǐ	Conj.	even if, even though
快餐	快餐	kuàicān	N.	fast food
牛肉	牛肉	niúròu	N.	beef
猪肉	豬肉	zhūròu	N.	pork
鱼虾	魚蝦	yúxiā	N.	fish and shrimp
什么的	什麼的	shénmede	Pt.	and so on

点	點	diǎn	V.	to order (food)
吃素	吃素	chī sù	V-O.	to be a vegetarian
各种各样	各種各樣	gè zhǒng-gè yàng	IE	all kinds of
样	樣	yàng	M.W.	kind, variety
肯德基	肯德基	Kěndéjī	PN.	KFC
垃圾	垃圾	lājī	N.	trash, waste, garbage
食品	食品	shípǐn	N.	food, provisions
呗	唄	bei	Pt.	expressing a tone of light-heartedness
味道	味道	wèidao	N.	taste, flavor; odor, smell
挺	挺	tǐng	Adv.	very
省得	省得	shěngde	Conj.	Save the trouble of
饮料	飲料	yǐnliào	N.	beverage, drink
难怪	難怪	nánguài	Adv.	no wonder

(二)

眼睛	眼睛	yǎnjing	N.	eye; vision
舌头	舌頭	shétou	N.	tongue
肚子	肚子	dùzi	N.	belly, abdomen
由此看来	由此看來	yóu cǐ kànlái		by this token
形式	形式	xíngshì	N.	form, shape
内容	內容	nèiróng	N.	content, substance
说法	說法	shuōfa	N.	wording, statement, argument
承认	承認	chéngrèn	V.	to acknowledge, to admit
方式	方式	fāngshì	N.	style, way
看出	看出	kànchū	VP.	to figure out, to make out
国家	國家	guójiā	N.	country, nation, state

特点	特點	tèdiǎn	N.	special feature
讲究	講究	jiǎngjiu	V., Adj.	to be particular about; exquisite
数一数二	數一數二	shǔyī-shǔèr	IE	one of the very top
聚会	聚會	jùhuì	N.	get together
任何	任何	rènhé	Pron.	any, whatever, whichever
丰盛	豐盛	fēngshèng	Adj.	big (meal), lavish
高级	高級	gāojí	Adj.	senior, high-level, luxurious
宴席	宴席	yànxí	N.	banquet, feast
价格	價格	jiàgé	N.	price
超过	超過	chāoguò	V.	to surpass, to exceed, to outstrip
收入	收入	shōurù	N.	income, revenue, earning
丰富多彩	豐富多彩	fēngfù-duōcǎi	IE	rich in variety and colorful
表现	表現	biǎoxiàn	V.	to show, to display
翅膀	翅膀	chìbǎng	N.	wing
腿	腿	tuǐ	N.	leg
煎	煎	jiān	V.	to pan-fry
炒	炒	chǎo	V.	to stir-fry
煮	煮	zhǔ	V.	to boil
炸	炸	zhà	V.	to deep fry
红烧	紅燒	hóngshāo	V.	to boil in soy sauce
清蒸	清蒸	qīngzhēng	V.	to steam without other sauce
品尝	品嚐	pǐncháng	V.	to taste

第六课　中国的饮食文化

语法结构

1. 都……了……（还不）……(already..., why not...)

"都" here means "已经". It often carries a tone of annoyance or impatience, and is typically followed by an imperative or a rhetorical question.

"都"的意思是"已经"。该句型常包含说话者不耐烦的口气，后面常接祈使句或反问句。

Eg.

（1）都一年了，你还没有习惯"新"环境吗？
It has already been one year, and you still haven't gotten used to the "new" environment?

（2）你都考完了，还不好好玩儿一玩儿？
The exam is already over, why don't you have some fun?

请用"都……了……（还不）……"完成句子：

1）A：星期六我不能去看电影，我得去图书馆。
　　B：_____？

2）A：他的父母一直为他的婚事(marriage)操心。
　　B：_____？

2. 既然……，那（么）/就/ 为什么（since... then/why...）

This conjunctive structure is used to connect two clauses with inferential relation. The clause introduced by "既然" states the premise, and the second clause states the inference drawn from the premise. Please note the second clause is marked by "那（么）" or "就" or both, or by a why-question.

该句型用来连接两个具有推论关系的小句。前一小句由"既然"引导，表示前提，后一小句表示根据前一小句得出的推论。注意第二个小句可以由连词"那（么）"、副词"就"，或疑问词"为什么"引导。

Eg.

（1）既然美国饭比中国饭简单得多，那么你就先学做美国饭吧。

Since the American food is much simpler to cook than Chinese food, you can start with learning American cooking.

（2）既然你喜欢吃地道的中国饭，在中国你就多吃一点儿吧。

Since you like to eat authentic Chinese food, you should eat a lot in China.

请用"既然……，那么/就/为什么……"完成句子：

1）A：我对中国文化很感兴趣。
　　B：_____。

2）A：怎么样才能说中文说得很流利呢？
　　B：_____。

3. 即使……也 (even if, ...)

This conjunctive structure is used to connect two clauses with concession relation. "即使" introduces an assumption, and the main clause states that the result won't change even if the assumption is true. "即使" can often be replaced by "就是", which is a more colloquial expression.

该句型用来连接两个表示让步关系的小句。"即使"引导出一个表示假设的小句，而主句则说明事情的结果不会因为该假设的成立而改变。"即使"可以跟"就是"互换。

Eg.

（1）即使你是地道的北京人也不一定知道这个词。

Even if you are local Beijingese, you may not know this word.

（2）即使她已经知道这件事，她也不会改变对你的看法。

Even if she has already known about this, she won't change her opinions about you.

第六课 中国的饮食文化

请用"即使……也……"完成句子：

1) 我一定要去看那个电影，_____。
2) 这辆自行车太贵了，_____。

 挺……的

This structure is used to modify some adjectives, or verb phrases such as "喜欢……", "希望……", "想……", etc.

这个结构可以用来修饰某些形容词或者动词短语，如："喜欢……", "希望……", "想……"等。

Eg.

（1）在中国，这种啤酒挺便宜的。

This kind of beer is very cheap in China.

（2）我挺喜欢麦当劳的。

I like Mc Donald a lot.

请用"挺……的"回答问题：

1) A：刚上大学，习惯吗？
   B：_____。（3 sentences）

 省得 (to save the trouble of..., lest...)

This conjunction is used to indicate that an unwanted situation may occur if the precedent action is not carried out. An interchangeable expression is "免得".

该连词可以用来说明如果前面的情况不实现可能带来的不良结果。常可以和"免得"互换。

Eg.

（1）你还是早一点儿回家，省得你父母不高兴。

You'd better go home earlier, saving your parents from getting upset.

（2）今天早点儿睡觉吧，省得明天早上起不来，来不及吃早饭。

You should go to bed early today, lest you have no time for breakfast tomorrow.

请用"省得"完成句子：

1）我喜欢去可以用信用卡的商店买东西，_____。

2）今天我要早一点儿起床，_____。

3）你得学会好好照顾自己，_____。

4）不要喝水龙头里的水，_____。

6. 难怪 (no wonder)

This expression serves as a sentence adverb, expressing a tone of understanding (after the puzzle is solved). It usually appears at the beginning of the sentence, which is very often followed by another clause that explains the reasons.

该副词用来说明说话者已经意识到某件事情的来龙去脉。常出现在句子的最前面，而该句后面常常出现一个解释事情的原因的小句。

(1) 难怪他喜欢吃海鲜，因为他在海边长大。
   No wonder he likes seafood, it turns out he grew up by the sea.

(2) 难怪小李今天这么不高兴，原来他今天第三次违反了语言誓约。
   No wonder Xiao Li was upset today. It turns out that it was his third time violating the language pledge.

请用"难怪"完成对话：

1）A：他昨天签了语言誓约。
   B：_____。

2）A：他告诉我他觉得喝热茶很舒服。
   B：_____。

3）A：听说全聚德是北京最有名的烤鸭店。
   B：_____。

7. 由此看来 (from the above we may conclude that...)

"此" is a pronoun that represents the aforementioned expression, arguments, etc. "由此看来" is used to introduce a conclusion, inference, etc.

代词"此"用来特指前面提到过的情况。"由此看来"用来引导一个新的表示结论或推论的小句。

(1) 中国人说"礼多人不怪"。由此看来，中国人非常重视礼貌（lǐmào: etiquette）。

Chinese people say, "you can never be too polite", from which we may conclude that Chinese pay a lot of attention to etiquette.

(2) 人们现在很少写信，都用电子邮件。由此看来，网络大大改变了我们的生活。

Nowadays people seldom write letters. Instead they use e-mails. This shows that Internet has changed our life drastically.

请用"由此看来"完成句子：
1）现在越来越多的人不常吃快餐了，_____。
2）在中国，连出租车司机也会说几句英文，_____。

练 习

课文理解 Comprehension

1 根据课文内容回答问题

Answer the questions based on the text

1）康书林是吃中国菜的老手吗？
2）康书林觉得美国的中国菜有什么特点？
3）李月珊觉得什么是"垃圾食品"？
4）为什说中国人对"吃"很重视？

2 判断对错 True or False

1）李月珊已经不住在中国人家里了。　　　　　　　　　　（　）
2）李月珊不会用筷子。　　　　　　　　　　　　　　　　（　）
3）李月珊觉得麦当劳、肯德基这样的西方快餐是垃圾食品。
（　）
4）中国菜的做法丰富多彩。　　　　　　　　　　　　　　（　）
5）一顿高级宴席的价格比一个普通人一年的工资收入还多。
（　）

词汇和句型练习 Vocabulary and Structure

1 选词填空 Choose the proper words to fill in the blanks

> 即使　　难怪　　早就　　真正　　新鲜　　食品　　省得

1）都来中国一年了，他还不习惯吃中国菜，_____他常常去麦当劳、肯德基。
2）既然麦当劳不是健康_____，为什么那么多人爱吃？
3）我_____听说中国人特别重视孩子的教育，来中国以后发现真的是这样。
4）你应该早一点儿起床，_____总是来不及吃早饭。
5）_____地道的北京人也不一定知道这个词的意思。
6）要想学习_____的中国文化，你最好去中国住一两年。
7）第一次用中文讨价还价，让我觉得很_____。

> 说法　　数一数二　　方式　　丰富多彩　　讲究
> 特点　　上档次　　超过

1）从一个人说话的_____上可以看出他的性格(personality)。
2）很多人来纽约找工作是因为纽约的生活_____。
3）他对吃很_____，经常去_____的饭店吃饭。
4）中国的乒乓球（ping-pang）在世界上是_____的。

5）每种语言都有自己的_____，很难说哪种更容易学。

6）我一个月生活的费用一般不_____1000块。

7）书上说吃素对身体有好处，你同意这种_____吗？

2　改写句子 Rewrite the following sentences

1）现在已经晚上两点了，你应该睡觉了。
（都……还不……）

2）再过几年，中国大城市的租金有可能比美国还贵。
（超过）

3）他学习非常努力，我想这就是他考试总是考得很好的原因。
（难怪）

4）他穿的衣服可以让我看出他的性格。
（从……上）

3　用所给的词语完成句子
Complete the sentences using the given words

1）他什么都吃，_____（不管……都）。

2）美国的_____（数一数二）。

3）美国人很重视健康，_____。（statement，表现在……）

4　翻译 Translation

1) You've finished your test, so why don't you go out and have some fun?

2) Every time I've gone to this restaurant, I've had a great meal.

3) Even the food from the worst Chinese restaurant is better than my own cooking.

4) The cultural diversity of New York City is demonstrated in the variety of the languages that people use.

5) It seems that traditional Chinese culture attaches great importance to the formality of a family banquet.

6) Studying abroad has enriched my college life to a great extent.

表达练习 Speaking

1 对话练习 Complete the dialogues

TOPIC: 吃中国菜

A：来中国以前你吃过中国菜吗？
B：_____。（早就）
A：来中国以后，你吃中国菜了吗？觉得怎么样？
B：_____。_____。（一……就……，挺adj.的）
A：你觉得_____的中国菜和美式中国菜有什么不一样？
B：_____。（A比B adj.多了，地道）
A：总是吃中国菜你习惯吗？
B：_____。（即使……也……）

2 成段表达 Mini talk

给你的好朋友介绍一下一个地方的饮食习惯，给他/她推荐一个你喜欢的菜。

去_____以后，我吃到了地道的_____菜……
（虽然……可是（……）却，早就，挺adj.的，各种各样，比方说，有……还有……也有，什么的，而且，没想到，看来，给sb推荐，请sb. to do sth.）

3 讨论 Discussion

中国饮食文化的丰富多彩表现在什么地方？

阅读理解 Reading Comprehension

"民以食为天"，这话一点儿不假。别看到处是酒吧、网吧、茶馆儿什么的，可是还是不如饭馆儿多。今天这家饭馆儿开张，明天那家饭馆儿开张。你看这街上，大饭馆儿小饭馆儿，一家接着一家，不出一条街，你就可以吃到天南海北各种口味，你说方便不方便？

教你几个菜名，点菜的时候用，服务员会觉得你是个老手，哈哈！

鱼香肉丝，辣子鸡丁，水煮鱼，水煮牛肉，宫保鸡丁，清炒荷兰豆，腰果虾仁，素烧茄子，松仁玉米，八珍豆腐，清蒸鱼。

补充词汇 Vocabulary

酒吧	jiǔbā	N.	bar
网吧	wǎngbā	N.	internet cafe
开张	kāizhāng	V.	to open a business
天南海北	tiān nán hǎi běi	PN.	all over the country/world
口味	kǒuwèi	N.	flavor
鱼香肉丝	yúxiāng ròusī	NP.	shredded pork with fish flavor
辣子鸡丁	làzi jīdīng	NP.	sichuan chicken with red hot peppers
水煮鱼	shuǐzhǔyú	N.	sichuan hot pot fish
水煮牛肉	shuǐzhǔ niúròu	NP.	sichuan hot pot beef
宫保鸡丁	gōngbǎo jīdīng	NP.	kung Pao Chicken
清炒荷兰豆	qīngchǎo hélándòu	NP.	pan fired green beans
腰果虾仁	yāoguǒ xiārén	NP.	shrimp with cashew nuts
素烧茄子	sùshāo qiézi	NP.	fried eggplant with no meat
松仁玉米	sōngrén yùmǐ	NP.	pine nuts with corns
八珍豆腐	bāzhēn dòufu	NP.	eight treasure with Tofu
清蒸鱼	qīngzhēngyú	N.	steamed fish

第七课

有什么别有病

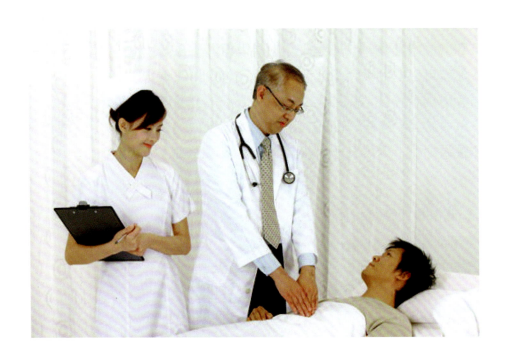

(一) 对话

肚子不舒服

康书林：哎哟，不行了，我今天已经上了三趟厕所了，肚子疼死了！

李月珊：跟你说了别喝那么多啤酒，你偏要喝。

康书林：肚子疼跟喝啤酒有什么关系？我还听说啤酒能治病呢。

李月珊：真的吗？那我再给你买五瓶。

康书林：别开玩笑了，麻烦你给我找点儿药。不管是中药还是西药，只要能让我不拉肚子就行。

李月珊：看你这样子，吃药可能都不管用，我劝你还是去医院看看吧。

康书林：那好。去哪家医院呢？

李月珊：我看你还是去"和家"吧，那家医院专门给外国人看病。

康书林：你上次生病的时候好像去了一家普通的医院。

李月珊：当时我是为了体验中国人的生活，所以就去了一家普通医院。

康书林：那我也要体验中国人的生活。

李月珊：你的情况不一样。我上次病得不重，只是觉得有点儿恶心，想吐；你现在病得很厉害，都已经去了三趟厕所了，再说明天还有考试，还是赶快把病治好。你知道吗，在普通医院看病，主要的问题是人多。挂号、化验、取药、打针都得排很长时间的队。上次我等了三四个小时才见到大夫。

康书林：可是我听说专门给外国人看病的医院比普通的医院贵好几倍呢。

李月珊：你不是有医疗保险吗？

康书林：有是有，可是自己也得交点儿钱啊。

李月珊：都这时候了，你还想着哪儿贵哪儿便宜。现在最要紧的是赶快把病治好。你没听说过"有什么别有病"吗？身体好比什么都重要。

康书林：可是我也听说过"没什么别没钱"啊。

李月珊：那你就别去看病了，待在洗手间里数钱吧！

康书林：开个玩笑。麻烦你帮我叫个出租车吧。

(二) 短文

中国的医院

中国的人口太多了，无论什么地方都有很多人，火车站、汽车站、公园、商场、电影院，甚至在医院也到处都是人。

去医院看病可不容易。挂号要排队，化验要排队，就是打针也要排长队。所以当你见到医生的时候，你早就一肚子的气了。不过，无论是大夫还是护士的服务态度都很不错。看到他们热情的笑脸，病人的心情就会好一些；心情一好，病就好了一半。

中国的医生一般既懂中医又懂西医。给病人开的药，既有中药又有西药。现代的中国人，有人喜欢吃中药，有人喜欢吃西药。在美国，中医在大部分地区还没有合法的地位。不过越来越多的美国人开始相信中医，针灸、按摩在美国也开始普及。尤其是针灸，挺神奇的。头疼、发烧、感冒、花粉过敏什么的，扎上几针，还真管用。

生了病，很麻烦，尤其是出门在外，环境不熟，所以一定要特别注意。俗话说"病从口入"，吃饭时要注意饮食卫生，睡觉要睡好。万一得了急病，得赶快去看急诊。

词汇

(一)

病	病	bìng	N., V.	illness; to be sick
哎哟	哎哟	āiyō	Int.	Ouch! Ow!
上厕所	上厕所	shàng cèsuǒ	V-O.	to go to the bathroom
疼	疼	téng	Adj.	painful

偏要	偏要	piān yào		to insist on (stubbornly)
治病	治病	zhì bìng	V-O.	to treat illness
真的	真的	zhēnde	IE	really
开玩笑	開玩笑	kāi wánxiào	V-O.	to make fun of, to crack a joke
药	藥	yào	N.	medicine, drug, remedy
中药	中藥	zhōngyào	N.	traditional Chinese medication
西药	西藥	xīyào	N.	western medication
拉肚子	拉肚子	lā dùzi	V-O.	diarrhea
管用	管用	guǎnyòng	Adj.	effective, be of use
劝	勸	quàn	V.	to persuade, to advise, to urge
医院	醫院	yīyuàn	N.	hospital
家	家	jiā	MW	measure word for institutions and companies
专门	專門	zhuānmén	Adv.	specially
上次	上次	shàngcì	N.	last time
当时	當時	dāngshí	N.	at that time, then
体验	體驗	tǐyàn	V., N.	to experience for oneself; experience
情况	情況	qíngkuàng	N.	situation, circumstances
恶心	噁心	ěxin	Adj.	feel nauseated, feel like vomiting
吐	吐	tù	V.	to spit, to vomit
趟	趟	tàng	M.W.	measure for trips

主要	主要	zhǔyào	Adj.	major, main, chief, principal
挂号	掛號	guà hào	V-O.	to register, to get a number to keep order (at a hospital)
化验	化驗	huàyàn	V.	to conduct laboratory test
打针	打針	dǎ zhēn	V-O.	to inject; injection
医疗保险	醫療保險	yīliáo bǎoxiǎn	NP.	medical insurance
要紧	要緊	yàojǐn	Adj.	vital, important, essential
赶快	趕快	gǎnkuài	Adv.	hastily, at once, immediately
待	待	dāi	V.	to stay
叫	叫	jiào	V.	to hail (a cab)

(二)

无论	無論	wúlùn	Conj.	no matter what, how, etc; regardless of
火车站	火車站	huǒchēzhàn	N.	railway station
汽车站	汽車站	qìchēzhàn	N.	bus station
商场	商場	shāngchǎng	N.	mall
电影院	電影院	diànyǐngyuàn	N.	cinema, movie theater
到处	到處	dàochù	Adv.	everywhere, all about
气	氣	qì	N.	anger
护士	護士	hùshi	N.	nurse
笑脸	笑臉	xiàoliǎn	N.	smiling face
心情	心情	xīnqíng	N.	mood
中医	中醫	zhōngyī	N.	Chinese medicine
西医	西醫	xīyī	N.	western medicine

开药	開藥	kāi yào	V-O.	to prescribe the medicine
既……又	既……又	jì ...yòu		both...and, as well as
现代	現代	xiàndài	N. Adj.	modern times, modern age
大部分	大部分	dàbùfen	N.	the majority; most
地区	地區	dìqū	N.	area, district, region
合法	合法	héfǎ	V-O.	legal, lawful, legitimate
地位	地位	dìwèi	N.	status, position
相信	相信	xiāngxìn	V.	to believe in, to have faith in
针灸	針灸	zhēnjiǔ	N.	acupuncture
按摩	按摩	ànmó	V., N.	to massage
普及	普及	pǔjí	V., Adj.	to popularize, to disseminate
尤其	尤其	yóuqí	Adv.	especially, particularly
神奇	神奇	shénqí	Adj.	magical, mystical, miraculous
头疼	頭疼	tóuténg	Adj.	headache
发烧	發燒	fāshāo	V-O.	to have a fever, to blush
感冒	感冒	gǎnmào	N.,V.	flu; to have a cold
过敏	過敏	guòmǐn	V.	to have an allergy; to be allergic to
扎针	扎針	zhā zhēn	V-O.	to have an acupuncture
出门在外	出門在外	chū mén zài wài	VP.	to be away from home
环境	環境	huánjìng	N.	environment, surroundings
熟	熟	shú	Adj.	familiar

俗话	俗話	súhuà	N.	common saying, proverb
病从口入	病從口入	bìng cóng kǒu rù	IE	illness enters body via mouth
卫生	衛生	wèishēng	Adj., N.	sanitary; hygiene
万一	萬一	wànyī	Conj.	in case, if by any chance
得	得	dé	V.	to acquire (disease)
急病	急病	jíbìng	N.	acute illness or syndrome
急诊	急診	jízhěn	N.	emergency room

语法结构

 偏要 V (insist on...stubbornly)

This expression suggests that the subject insists on doing something, although it is against a precedent requirement, condition, or wishes of others.

该结构表示坚持做某事，即使违反某种要求、条件，或违背他人的意愿。

Eg.

（1）我跟他说这种病吃西药更管用，他偏要吃中药。

I told him that the Western medicine would be effective for his illness, however he insisted on taking traditional Chinese medicine.

请用"偏要 V"完成句子：

1）他小时候不听父母的话，_____。

2）A：你弟弟为什么挨妈妈骂（mà: scold）了？

　　B：_____？

2. A 和/跟 B 有关系 (A is related to B)

医院的服务态度和有没有竞争是有关系的。

The service of a hospital is related to the presence of competition from other hospitals.

请用"A 和/跟 B 有关系"回答问题：

1) A：为什么我的中国朋友经常劝我少吃麦当劳？

　　B：_____。

2) A：很多中国父母觉得孩子学习不好是因为谈恋爱，你觉得呢？

　　B：_____。

3. 趟 (measure for trips)

This measure word can often appears after verbs such as "跑", "来", "去", and "回".

该动量词常跟动词"跑"、"来"、"去"及"回"连用。

（1）去年我去了三趟中国。

　　Last year, I went to China three times.

（2）我父母住得很远，来我这儿一趟很不容易。

　　My parents live far away, so it is not easy for them to come to my place.

请用"趟"完成句子：

1) A：上大学以后，你一年能回几趟家？

　　B：_____。

2) 听说国家博物馆很值得去，_____。

4. 倍 （measure word for times）

There are two common patterns to express multiple in Chinese. One is "A 是 B 的 No.倍" (A is several times of B). Another is "A 比 B+adj+No.倍"

(A is several times... more than B)

在中文中常见的两种表示倍数的方法是"A 是 B 的 No.倍"（A 是 B 的数倍），以及"A 比 B+adj +No.倍"（A 比 B……数倍）

(1) 在纽约的生活费用比北京的贵好几倍。
Living expenses in New York is several times more expensive than in Beijing.

(2) 在这儿去天安门，坐出租车的车费是公共汽车票的几倍。
Going to Tian'anmen Square from here, you pay several times more taking a cab than riding a bus.

请用"倍"回答问题：

1）A：你为什么要从中国买DVD带到美国？
　　B：_____。

2）A：在中国我觉得到处都是人，中国人口好像比美国多多了。
　　B：_____。

5. 无论……都……(no matter..., still...)

Please refer to L.2. grammar note 6.
请查阅第二课语法结构第六项。

请用"无论……都……"完成句子：

1）北京的银行总是有很多人，_____。

2）A：学习这么忙，你给父母打电话吗？
　　B：_____。

6. 既……又……(both...and...)

This structure is used to connect two parallel adjective or verbal phrases.
该结构用来连接两个并列的形容词或动词短语。

(1) 这个学生既聪明，又用功。

This student is both clever and hard-working.

(2) 去医院既花时间，又花钱。

It is both a waste of time and costly to go to the hospital.

请用"既……又……"完成句子：

1) 有人说，中国的小皇帝_____。

2) A：你怎么总是自己做饭，从来不在饭馆儿吃饭？

　　B：_____。

7. 尤其是……（..., especially...）

This is a conjunct that is used to make a statement, which is particularly true in the case that is introduced by "尤其是".

该句型主句用来陈述一个事实，而"尤其是"所引导的从句强调在某种特殊的情况下该事特别明显。

(1) 我喜欢没事的时候喝一点儿酒，尤其是啤酒。

I'd like to have a couple of drinks when I am free, especially beers.

(2) 天气热的时候要注意饮食，尤其是出门在外的时候。

We need to be more cautious to food and drink in hot weather, especially when we are away from home.

请用"尤其是……"完成句子：

1) 中国人非常热情，_____，热情得不得了。

2) 我很喜欢吃中国菜，_____，好吃极了。

8. 万一……(in case that..., ...)

This is a conjunct that brings in a problem that has a very small chance to occur, and in the main clause the possible solution will be put forward.

该句型中,"万一"所引导的第一个小句提出一种可能性较小的情况,而主句则提出在该情况下的应对方法。

(1) 万一你在图书馆和书店都找不到这本书,你可以跟王老师借。
You could borrow the book from Ms. Wang in case that you couldn't find it in libraries or bookstores.

(2) 万一病得很厉害,你得马上看急诊。
In case you become very sick, you must go to the emergency room at once.

请用"万一……"完成句子:

1) 在中国,出门最好带上现金,_____。
2) 在北京,夏天出去要记得带伞,_____。
3) A:买医疗保险有什么好处?
   B:_____。

练 习

课文理解 Comprehension

1 根据课文内容回答问题
Answer the questions based on the text

1) 李月珊上次生病,去的什么医院?为什么?
2) 在医院看病,为什么有的时候会一肚子气?是不是因为医生和护士的态度不好?
3) 出门在外,要特别注意什么?

2 判断对错 True or false

1）康书林觉得自己肚子疼是因为啤酒喝多了。（　）
2）康书林觉得中药不管用。（　）
3）普通医院里人很多，所以要花很长时间排队。（　）
4）康书林没有医疗保险，所以他不想去专门给外国人看病的医院。（　）
5）中国的医院，医生和护士的态度不好，所以常常让人很生气。（　）

词汇和句型练习 Vocabulary and Structure

1 选词填空 Choose the proper words to fill in the blanks

> 劝　赶快　体验　管用　专门　当时　要紧　偏要

1）为了真正_____中国人的生活，他在中国人家里住了一年。
2）人们越来越重视健康，很多人只去_____卖健康食品的超市买东西。
3）我早就告诉他去一个新的地方要注意饮食，他_____去小摊儿上吃东西，结果生病了。
4）下个星期就要考试了，所以现在最_____的就是复习。
5）他整天_____别人要注意身体，可是自己经常很晚才睡觉。
6）我和父母去过中国，可是_____我只有四岁，什么都不记得。
7）我的飞机票是下午两点的，所以下课以后，我要_____去机场。
8）虽然很多人都相信西药，可是我觉得有些病吃中药更_____。

> 到处　普及　相信　主要　合法　越来越

1）你_____有外星人吗？
2）网络在很多国家越来越_____，所以用传统的法子写信的人越来越少了。

3) 中国医院的_____问题是人太多。

4) 美国大学生的学习一点儿也不轻松，因为他们找工作压力_____大。

5) 在北京，_____都可以看到自行车。

6) A：在美国，父母可以看孩子的日记吗？
   B：不可以。在美国，父母看孩子的日记是不_____的。

2 改写句子 Rewrite the sentences

1) 我现在每个月的工资是6000元，去年是每个月3000元。
   （A比B……倍）

2) 李月珊买衣服不看贵不贵，只看好看不好看。
   （不管……只要……就……）

3) 今天我哥哥8点来找了我一次，9点来了一次，10点又来了一次。
   （趟）

4) 带上信用卡，要是现金不够了，可以随时随地取钱。
   （万一）

5) 他的发音有很多问题，第三声的问题最大。
   （尤其是……）

3 用所给的词语完成句子
   Complete the sentences using the given words

1) 他今天看起来很高兴，_____（主要是）。

2) _____（趟），药也吃了两个星期了，病还是没好。

3）我不太相信中医，_____（管用）。
4）_____，非常现代化（到处）。

4 用所给的词语和句型完成对话
Complete the dialogues using the given words or patterns

1）A：我劝她不要把时间都花在玩儿电脑上。
   B：_____（偏要）
2）A：你生病了愿意看中医还是西医？
   B：_____（无论……都）
3）A：为什么大家都喜欢发短信？
   B：_____（既……又……）
4）A：我听说美国的商场常常打折。
   B：_____（尤其是）
5）A：_____（倍）？
   B：是，我也听说给外国人看病的医院特别贵。

5 翻译 Translation

1) Since you don't have medical insurance, you'd better go to a cheaper hospital.

2) I have heard that the University doesn't allow cabs on campus.

3) In order to experience what the ordinary Chinese' person's life is like, I took a three-day bus trip to get there.

4) American fast food is becoming more and more popular in China.

5) I admire (佩服) doctors in this area greatly—the working environment is unpleasant, because families of the patients often give them a lot

of pressure.

6) Take down my telephone number; just in case you need any help. (you can call me)

7) I believe that acupuncture can cure your headaches.

表达练习 Speaking

1 用适当的词填空
Fill in the blanks with appropriate words

> 管用　好几倍　不要紧　当时　专门　趟　赶紧　就
> 只要　偏要　生气　来不及　劝　不管

李月珊不听别人劝。昨天她和我一起去买衣服，我_____她少带点儿现金，她_____带很多，我怎么说都不_____。我们去了一家_____卖女士（lady）衣服的商场，这家商场的东西比别的地方贵_____，可是李月珊觉得价格_____，_____贵不贵，_____好看_____行。_____已经快中午12点了，我们想_____买完衣服去吃饭。等我们选好了衣服，李月珊发现钱不见了，她特别_____，我们_____吃饭，赶快先去了一_____警察局（police station）。后来李月珊说："我以后再也不带那么多现金了。"

2 讨论 Discussion
谈谈你对"有什么别有病"、"没什么别没钱"这两句话的看法。

阅读理解 Reading Comprehension

在现代社会，人们的工作压力很大，竞争也很厉害，常常忙得连吃饭的时间都没有，所以不要孩子的人越来越多。可是，不忙的时候，人们还是会觉得寂寞，这就是为什么养宠物的人越来越多的原因。有的人把动物看成是自己的好朋友，有的人甚至觉得小动物好像是自己的孩子似的。如果动物生了病，人们会像自己的家人、朋友生病了一样担心、难过。

莉萨有一只很可爱的狗，她很喜欢它，把它看成好朋友。前几天，她的狗生病了，拉肚子拉得很厉害，她很担心。因为她家里除了她以外什么人都没有，所以她不得不跟老板请假带小狗去专门给动物治病的医院看病。她本来以为为了这样的事情请假会让老板很不高兴，可是没想到老板不但没有生气，还给她推荐了一家很好的宠物医院，劝她赶紧带小狗去看病。原来老板和她一样喜欢狗喜欢得不得了，难怪她刚一说狗生病了老板就同意她请假了呢。到了宠物医院，医生给狗打了针，还开了一种治拉肚子很管用的药。两天以后，小狗的病就好了，莉萨高兴极了。

补充词汇 Vocabulary

宠物	chǒngwù	N.	pet
担心	dān xīn	V.	worried
请假	qǐng jià		ask for a leave

回答问题 Answer the questions

1）现代社会，很多人都不要孩子吗？为什么？
2）为什么养宠物的人越来越多？
3）莉萨的狗生了什么病？为什么她不得不带狗去看病？为了带狗去看病，她跟老板请假了吗？
4）她和老板请假的时候，老板生气了吗？为什么？

第八课

自行车文化

（一）对话

（在学生宿舍前，李月珊骑车来找康书林）

李月珊：康书林，不是说好了吗？考完试，我们一起骑车去颐和园好好玩儿玩儿，放松放松。我都准备好了，你怎么还在这儿发呆呢？

康书林：真糟糕，我的自行车找不到了。

李月珊：会不会丢了呢？前天我们班同学的自行车就被小偷给

第八课　自行车文化

偷走了。

康书林：我也这么想，我已经在这儿找了半天了，还是没找到。

李月珊：肯定是丢了。你买自行车的时候，我就告诉过你，不要买太好的自行车，免得被人偷。你不听，偏要买一辆高档的山地车。你看我这辆，放在这儿不锁都没有人要。尽管样子难看一点儿，可是骑起来一点问题都没有。

康书林：你那辆自行车可以骑到长城去吗？别忘了，上个周末我骑着我的自行车跟几个同学去了长城呢。

李月珊：就是因为你的自行车太好了，所以才引起了小偷的注意。好了，别心疼你的自行车了，还是赶快到学校旁边的自行车店买辆二手车吧，既便宜又实用。

康书林：那儿的车都太旧了，关键时候老掉链子。

李月珊：哈哈，我看你就是关键时候掉链子的人。

康书林：什么意思？

李月珊：这句话是今天早上我的中国妹妹教我的。"关键时候掉链子" 意思是说"最重要的时候老出问题"。就像你一样，快考试了，拉肚子了；马上要去颐和园了，自行车又找不到了。

康书林：好啊，李月珊，我都急成这样了，你还开我的玩笑！

李月珊：算了算了，着急也没用。我陪你再去买一辆吧。

康书林：欸，你说要不要把丢车的事告诉警察呢？

李月珊：当然要，等我们买完车，去一趟派出所。

康书林：行，走吧，我骑你的车带你。

（李月珊刚要上车）

康书林：糟糕，链子掉了。

(二) 短文

自行车在中国

美国有汽车文化，中国有自行车文化。就像在美国家家都有汽车一样，差不多每个中国家庭都有自行车。大概没有多少中国人不会骑自行车。

要是你想了解中国的文化，你应该骑着自行车到大街小巷去转转，肯定会看到很多书上学不到的东西。你看，那两个年轻人，一边慢慢地骑着自行车，一边说着悄悄话，脸上带着甜甜的笑容。不用说，那肯定是一对恋人，他们骑一天都不会累的。那边，一辆自行车的前面坐着一个可爱的四五岁的小孩儿，爸爸骑着车唱歌，孩子跟着爸爸唱。等这个小孩儿长大了，他一定忘不了坐在自行车上跟爸爸一起唱歌的事。看到这些，你也许就明白了为什么连美国总统来中国访问的时候，也要骑着自行车在北京的大街上转转。

几年前，有个中国电影叫《十七岁的单车》，说的是一个从农村来的年轻人和一个城市里的学生为了一辆自行车发生了冲突。故事很简单，票房却很高。这也说明了自行车跟中国人的生活关系非常密切。有人说美国是一个车轮上的国家，中国也是，只不过比美国少两个轮子罢了。有些美国人开着汽车上下班，回了家，再骑自行车锻炼一个小时，很不经济。中国人骑着自行车上下班的同时，也锻炼了身体，这才是一举两得呢。你想了解普通中国人的生活吗？那就骑上自行车到处转转吧。

词汇

(一)

简体	繁体	拼音	词性	释义
自行车	自行車	zìxíngchē	N.	bicycle, bike
丢	丟	diū	V.	to lose, to forfeit
骑	騎	qí	V.	to ride
颐和园	頤和園	Yíhéyuán	PN.	the Summer Palace
放松	放鬆	fàngsōng	V.	to relax, to slacken, to loosen
发呆	發呆	fā dāi	V-O.	to stare blankly, to be in a daze
被	被	bèi	Prep.	by, marker for passive-voice
小偷	小偷	xiǎotōu	N.	petty thief
偷	偷	tōu	V.	to steal
免得	免得	miǎnde	Conj.	for fear that, lest
高档	高檔	gāodàng	Adj.	(of commodities) high-end, of superior quality
山地车	山地車	shāndìchē	N.	mountain bicycle
辆	輛	liàng	MW	for vehicles
锁	鎖	suǒ	N., V.	lock, padlock; to lock up
样子	樣子	yàngzi	N.	appearance, shape; manner
难看	難看	nánkàn	Adj.	ugly; embarrassing shameful
长城	長城	Chángchéng	PN.	the Great Wall
周末	週末	zhōumò	N.	weekend
引起	引起	yǐnqǐ	V.	to give rise to, to cause
心疼	心疼	xīnténg	V.	to make one's heart ache, to feel sorry for
二手	二手	èrshǒu	Adj.	second hand
实用	實用	shíyòng	Adj.	practical, functional
旧	舊	jiù	Adj.	old, worn, used

关键	關鍵	guānjiàn	N., Adj.	key; the most crucial
掉	掉	diào	V.	to drop, to fall, to come off, to lose
链子	鏈子	liànzi	N.	roller chain (of a bicycle)
哈哈	哈哈	hāhā	Int.	sound of laugher
着急	著急	zháo jí	V-O.	worry, feel anxious
陪	陪	péi	V.	to keep company, to accompany
警察	警察	jǐngchá	N.	police, policeman, cop
派出所	派出所	pàichūsuǒ	N.	local police station

(二)

意义	意義	yìyi	N.	significance, meaning, value
等同	等同	děngtóng	V.	to equate
重要性	重要性	zhòngyàoxìng	N.	importance, significance
了解	瞭解	liǎojiě	V.	to acquaint oneself with, to understand, to know
大街小巷	大街小巷	dà jiē xiǎo xiàng	IE	major streets and small alleys
转转	轉轉	zhuànzhuan	V.	to wander about
年轻人	年輕人	niánqīngrén	N.	young people, youngster
悄悄话	悄悄話	qiāoqiāohuà	N.	words spoken in a hushed tone
甜甜	甜甜	tiántián	Adj.	sweet
笑容	笑容	xiàoróng	N.	smile
对	對	duì	MW.	a pair
恋人	戀人	liànrén	N.	lover, sweetheart
可爱	可愛	kě'ài	Adj.	adorable, lovely, lovable
跟着	跟著	gēnzhe	V., Adv.	follow; in the wake of
忘不了	忘不了	wàngbùliǎo	VP.	cannot forget
推	推	tuī	V.	to push

架（子）	架（子）	jià (zi)	N.	shelf
也许	也許	yěxǔ	Adv.	probably, perhaps, maybe
总统	總統	zǒngtǒng	N.	president (of a country)
访问	訪問	fǎngwèn	V.	(F) to visit (place)
单车	單車	dānchē	N.	bike
农村	農村	nóngcūn	N.	rural area, countryside
城市	城市	chéngshì	N.	city
冲突	衝突	chōngtū	V.	conflict, clash
故事	故事	gùshi	N.	story, tale; plot
票房	票房	piàofáng	N.	box office
说明	說明	shuōmíng	V.	to explain, to illustrate
密切	密切	mìqiè	Adj.	close
车轮	車輪	chēlún	N.	vehicle wheel
轮子	輪子	lúnzi	N.	wheel
罢了	罷了	bàle	Pt.	...and that's all
上班	上班	shàng bān	V-O.	to go to work, to be on duty
下班	下班	xià bān	V-O.	to get off work, to be off duty
锻炼	鍛煉	duànliàn	V.	to engage in physical exercise
经济	經濟	jīngjì	N., Adj.	economy, financial condition; economical, thrifty
一举两得	一舉兩得	yī jǔ liǎng dé	IE	one stone kills two birds

语法结构

1. 被+……+给……V（C）(be + V-en +away)

Here we encounter for the first time in the book a passive voice in Chinese, which is used much less frequently than in English and often (but not always) carries a negative connotation. The formal structure of passive voice is as follows:

Theme+被（+ agent +给）+V+Complement

"被" is treated as a preposition that introduces the agent of the action and roughly equals to "by" in English. "给" is the marker for passive voice, which is often dropped when agent is introduced earlier.

在本书中第一次出现了被动式。在中文中，此类被动式比英文中使用频率低得多，也常有负面的含义。完整的被动式结构如下：

被动者+被（+施动者+给）+动词+补语

Eg.

(1) 我的行李被人给拿走了。

My luggage has been taken away by someone.

(2) 这本书被借走了。

This book was borrowed.

请用"被……V"改写句子：

1）小偷偷走了他的钱包。

_____。

2）妈妈知道了我考试考得不好。

_____。

请用"被……V"完成句子：

1）真糟糕，_____。

2）A：你怎么看起来没精打采的？

　　B：别提了，_____。

2. 免得 (in order to avoid)

Please see L. 6, grammar 5.

请查阅第六课语法结构第五项。

请用"免得"完成句子：

1) _____，免得上课没精神。

2) 旅游的时候要注意饮食卫生_____。

3. 一点儿 O 都不/没 V（did/have not done something at all）

This emphatic structure is used to emphasize the lack of the NP that follows "一点儿". Please note that this NP is the fronted object of the verb.

该结构用来表强调，排除动词的宾语任何存在的可能性。

Eg.

(1) 我一点儿肉都不吃。

　　I do not eat meat at all.

(2) 我一点儿中文都不会说。

　　I cannot speak any Chinese.

(3) 我一部中国电影都没看过。

　　I haven't watched any chinese movie.

请用"一点儿 O. 都不/没 V"完成句子：

1) 他心情很不好，_____。

2) 我把精力都放在学习上，_____。

3) 上个星期我特别忙，_____。

4. SV 成这样 (as... as this)

"成这样" is the resultative complement, implying high degree.

"成这样"做结果补语，有程度高的意思。

Eg.

(1) 你怎么高兴成这样？

　　What makes you as happy as this?

(2) 着急成这样也没用。

　　As worried as this is not going to help at all.

5. A 替 B+VP/SV （A...on behalf of B， A...for the sake of B）

"替" is a preposition that introduces object of replacement or purpose. Like most preposition phrases, "替" structure appears before the predicate.

"替"是一个介词，用来引导被代替的对象。像绝大多数的介词结构一样，出现在谓语前。

Eg.

(1) 你的中文进步这么大，老师真替你高兴。
You have made such great progress in learning Chinese. The teacher is so happy for you.

(2) 我没带钱。你先替我买，我回去再给你钱。
I haven't brought any money. You pay for me now, I will repay you when we get back.

请用"A 替 B+VP/SV"完成句子：
1) 我生病了，不能_____，_____。
2) 要是你没有时间，_____。

6. 等……了，…… (When ...is finished, ...)

"等……了" is used to form a future time point (when something is done). The structure indicates the situation in the main clause won't happen until certain thing is done in the future.

"等……了"用来表达将来某一个时间点（某件事情完成之时）。该结构表示主句中的情况一直要到将来这件事完成以后才会发生。

Eg.

(1) 等一个城市国际化了，这个城市的特点也就慢慢没有了。
When a city internationalized, the characteristics of the city disappear gradually.

(2) 等你有空了，我们再一起出去玩儿。
We will go out together when you have free time.

请用"等……了"完成句子:

1) 这个星期我很忙,_____。
2) 现在我的中文还不够好,_____。

7. V着（O）(indicating the continuation of the state of being)

"着" indicates the continuation of the action. Please note that:

1) "着" appears immediately after the verb, and if the verb takes a direct object, it will appears after "着".

2) Certain verbs cannot take "着". They are either verbs containing a connotation of completion, such as "完", "进", "出", "去", or verbs that already contains a connotation of continuation, such as "知道", "认识".

3) "着" cannot appear together with verb complement, nor with "了".

"着"说明动作的持续。

注意:

1. "着"紧接着动词出现,如果动词有直接宾语,那么直接宾语在"着"后出现。

2. 部分动词不能带"着"。这部分动词,或者本身已经有完结的意思,例如"完"、"进"、"出"、"去"有持续义,例如:"知道"、"认识"。

3. "着"不能和动词补语或"了"并用。

Eg.

（1）他正开着车在回家的路上。

   He is driving on the way home.

（2）这个护士的脸上总是带着笑。

   This nurse is always with smile on her face.

8. 只不过……罢了(merely)

"罢了" is a particle that is used together with adverbs like "只不过", "不过", "只是". It is used to trivialize the person, the thing, or the number they modifies.

"罢了"用在句尾，常与副词"只不过"、"不过"、"只是"连用，用来强调某人，某事物，某个数等微不足道。

（1）这个暑假我什么都没做，整天吃饭睡觉罢了。
I did nothing during this summer vacation. All day long I was merely eating or sleeping.

（2）他只是一个孩子罢了，当然不能明白这个问题。
He is merely a child. Of course he couldn't understand this issue.
He is merely a child, of course he couldn't understand this issue.

请用"只不过……罢了"完成句子：

1）A：你精神很不好，是不是生病了？
   B：_____。
2）A：听说你会说很多种语言，是吗？
   B：_____。

练　习

课文理解 Comprehension

1 根据课文内容回答问题

   Answer the questions based on the text

   1）考完试，李月珊和康书林有什么打算？
   2）康书林的自行车为什么容易被偷？
   3）李月珊让康书林买二手车的原因是什么？

4）"关键时候掉链子"是什么意思？

5）电影《十七岁的单车》说的是什么事？故事说明了什么？

2 判断对错 True or false

1）康书林找不到自行车，因为他忘了把自行车放在什么地方了。（　）

2）没有多少十五岁以上的中国人会骑自行车。（　）

3）电影《十七岁的单车》故事很有意思，可是票房并不高。（　）

4）中国人一般开车上下班。（　）

5）如果想了解中国老百姓的生活，就应该骑上自行车到处转转。（　）

词汇和句型练习 Vocabulary and Structure

1 选词填空 Choose the proper words to fill in the blanks

丢　肯定　引起　心疼　大街小巷　急成这样　免得

1）我推荐你买一辆二手车，新车容易_____小偷的注意。

2）在北京的_____，到处都有又好吃又便宜的饭馆儿，所以吃饭很方便。

3）自行车还是买便宜一点儿的，这样丢了也不会太_____。

4）你还是自己跟他解释一下吧，_____他误会（misunderstand）你。

5）他中文说得特别好，_____学了很多年。

6）我都_____了，你还跟我开玩笑。

意义　了解　肯定　经济　冲突　密切

1）手机和电脑跟人们生活关系越来越_____。

2）由于中国的人口问题，实行独生子女的政策对中国有非常重要的_____。

3）压力总是会让人很紧张（nervous），有时候也会让人更容易和别人发生_____。

4）会说中文并不等同于_____中国文化。

5）他觉得现在汽油（gasoline）越来越贵，开车上下班很不_____。

6）住在中国人家里_____有更多的机会练习说中文。

2 改写句子 Rewrite the following sentences

1）任何国家的政府都明白教育对一个国家有重要的意义。
（重要性）

2）所有的人都希望自己有一个健康的身体。
（没有……不……）

3）他喜欢一边开车，一边听音乐。
（V着O）

4）他对中国的经济非常感兴趣，将来有可能会到中国来工作。
（也许）

5）他是第二次参加CIB了，所以他很熟悉老师上课的方式。
（对……熟悉）

3 用所给的词语完成句子

Complete the sentences using given words

1）刚考完试，_____（放松）。

2）几乎每天都有自行车被偷的情况，_____（引起）。

3）我觉得二手车不错，_____（实用）。

4）差不多每个中国人的家庭至少有一辆自行车，这说明_____
　　　　　　　　　　　　　　　（A 跟 B……关系密切）
5）这本中文字典我在美国买不到，_____（替）
6）_____（尽管），可是我并不了解他。

4　用所给的词语和句型完成对话
Complete the dialogues using the given words or patterns

1）A：你怎么不买一辆高档的山地车呢？
　　B：_____（免得）
2）A：我能借你那本中文字典吗？
　　B：_____（被）
3）A：我刚买回来的啤酒怎么没有了？
　　B：_____（被）
4）A：丢了MP3你怎么不着急呢？
　　B：_____（只不过……罢了）

5　比较下面的词 Compare the following words
经济
1）经济发展了，社会进步了，可是环境却越来越糟糕了。
2）他家的经济条件比较好，又买房子，又买车。
3）骑自行车上班，既锻炼身体，又省钱，这是很经济的办法。

6　翻译 Translation

1) He lost the bike that his girlfriend bought him. See how worried he was!

2) No wonder all the students like that teacher. She always has such a beautiful smile.

3) It seems that he's quite familiar with rural life. Maybe he grew up in a similar environment.

4) If you take advantage of every opportunity to practice your Chinese, you'll be sure to make great progress.

表达练习 Speaking

1 对话练习 Complete the dialogues

钱包丢了

A：你怎么没有精神？发生什么事了？
B：＿＿＿＿＿＿＿＿＿＿＿＿＿＿＿＿＿＿。（被……给V走了）
A：是不是忘了放在什么地方了？
B：＿＿＿＿＿＿＿＿＿＿＿＿＿＿＿＿＿＿。（肯定）
A：是不是你把钱包当成礼物（gift）送给别人了？
B：＿＿＿＿＿＿＿＿＿＿＿＿。你还开玩笑。（……成这样）
A：我早就告诉过你出门的时候要注意钱包，＿＿＿＿＿＿。（免得）
B：多亏钱包里只有信用卡，＿＿＿＿＿＿。（一点儿O都不/没V）
A：我们得＿＿＿＿＿银行，告诉银行职员＿＿＿＿＿。（趟，丢）
B：真糟糕。

2 成段表达 Mini talk

向你的中国朋友介绍一下汽车和美国人生活的关系，尽量使用下面的词语或句型。
（意义，恐怕，没有……不……，使用，种类，而且，价格，不管……都……，从……上，可以看出，A教B VP/N，水平，只不过……罢了，不过，为了……发生……）

第八课 自行车文化

Reading Comprehension

变化中的"自行车王国"

过去，中国是一个"自行车王国"，人们无论上班、买东西还是出去玩儿，都骑自行车。那时候，差不多每家都最少有一辆自行车。骑自行车有很多好处，比方说经济、方便（不会堵车）、不会污染空气等。尽管骑自行车有这么多好处，可是由于经济发展得越来越好，北京变得越来越现代化，所以骑自行车的人也越来越少了。

现在，人们更愿意开车，好像骑自行车就会看起来很落后似的。很多人以为开车比骑自行车快多了，其实，在北京并不总是这样的。北京人多，车也多，开车上下班常常会堵车。如果堵车了，就要花很多时间在路上等着。这样，开车花的时间有可能比骑自行车花的时间还多。更重要的是，堵车的时候，人们除了等以外，什么都不能做，时间都浪费了。

现在，有的发达国家很重视环境问题，鼓励人们多骑自行车，中国也应该重视这个问题，要不然，在保护环境的观念上就又"落后"了。

补充词汇 Vocabulary

污染	wūrǎn	V.	to pollute
发展	fāzhǎn	V.	to develop
浪费	làngfèi	V.	to waste
发达	fādá	Adj.	developed
鼓励	gǔlì	V.	to encourage
保护	bǎohù	V.	to protect

回答问题 Answer the questions

1) 为什么说过去的中国是"自行车王国"？那时候自行车对人们的重要性表现在哪里？

2）骑自行车有哪些好处？现在骑自行车的人和以前一样多吗？为什么？

3）在北京，开车肯定比骑自行车快吗？为什么？

4）为了保护环境，现在有的发达国家鼓励人们做什么？你的看法是什么？

社会调查 Social Survey

近几年，油价越来越高，人们也越来越重视环境和健康，美国的汽车文化有没有发生什么变化？请你采访（interview）三个美国人，听听他们的看法，给同学们做一个报告。

第九课

北京的交通

(一) 对话

(在学校门口)

李月珊：你总算来了，我都等你半个小时了。
康书林：对不起，刚要出门，碰到了王老师，他跟我谈了半天考试的事情，我不好意思说你在等我。
李月珊：反正你总是有理由。欸，你叫我去看什么展览？
康书林：中国历史文化展览，听说很好。今天天气很热，我们坐出租车去吧？

(在出租车里)

师　　傅：去哪儿?

康书林：师傅，我们去中国国家博物馆，就在天安门旁边。

师　　傅：知道，谁不知道国家博物馆啊。你们是来学汉语的留学生吧? 汉语说得不错啊。

康书林：哪里哪里。怎么又堵车了? 现在还不到上下班的时间吧?

师　　傅：现在北京的车多了，哪天不堵车啊。不过今天堵得特别厉害，会不会是前面出了交通事故?

李月珊：这怎么办呢? 等我们到了，博物馆也该关门了。

师　　傅：要不这样吧，我把你们送到前面的地铁站，你们坐地铁去。只换一次车，很快就到。

李月珊：这个主意不错。师傅，那就麻烦您了。

(五分钟后)

师　　傅：好，到了，一共18块钱。

康书林：我没零钱，给您20块钱。

师　　傅：找您两块钱，给您发票。

(在地铁里)

康书林：还是坐地铁快，虽说有点儿挤，可是不堵车。

李月珊：是啊。我也有过堵车的经历，结果耽误了看演出。

康书林：怎么回事?

李月珊：上次我的中国爸爸妈妈带我去看京剧，因为时间有点儿紧张，我们就没去挤公交车，打了个的，结果出租车被堵在立交桥上，下也下不来，走也走不了。我们后悔极了，早知道那样，还不如去坐地铁呢。

康书林：不过，一般来说，北京的交通没有那么糟糕。

李月珊：可是今天又是这样。你说我们看一次展览这么麻烦，值不值得?

康书林：我觉得值得。这个展览不但对我们了解中国的历史和文化有很大的帮助，对我们的社会调查也很有帮助。

李月珊：什么社会调查？

康书林：你忘了？马上要放一个星期假，老师让我们出去旅游的时候，根据各地的风土人情、社会文化情况写一个调查报告，然后在班上做一个口头报告。

李月珊：可是到现在我还不知道写什么呢。

康书林：看了展览，你也许就会有些想法了。

李月珊：但愿如此。

（二）短文

北京的公共交通

北京以前是有城墙的，为了发展，政府拆掉了城墙。现在北京发展得更快了，所以城市总是在扩建。今天拆旧房子，明天又盖高楼。路越修越宽，桥越建越多。随着城市的扩大，公共交通也发展得很快，有各式各样的公交车，有快线，也有慢线；有空调车，也有绿色大巴。在扩建地铁线路的同时，轻轨也开始运行了。在北京，坐公交车和地铁非常划算，因为公交车票、地铁票都很便宜。要是你嫌公交车、地铁人多，不够舒服，你也可以坐出租车。虽然贵一点儿，却十分方便。碰到热情、爱说话的出租车司机，你还可以趁机练习练习你的中文，跟他聊聊家常，说说社会新闻。但是要听懂出租车司机的话，那可不容易，你的中文一定要特别好才行。

很多城市在发展中都会遇到交通问题，北京也一样，常常发生交通堵塞，尤其是在上下班的高峰期。车多了，开车的新手多了，撞车等交通事故也比以前多多了。不少社会知名人士提倡大家多骑自行车，一方面可以改善交通状况，一方面还能减少环境污染,是一件一举两得的好事。但是让中国再回到自行车时代,恐怕不那么容易。

词汇

(一)

交通	交通	jiāotōng	N.	traffic, transportation
总算	總算	zǒngsuàn	Adv.	at last, finally
碰到	碰到	pèngdào	V.	to bump into, to come across
理由	理由	lǐyóu	N.	argument, reason
展览	展覽	zhǎnlǎn	V., N.	to exhibit, to show; exhibition
历史	歷史	lìshǐ	N.	history
博物馆	博物館	bówùguǎn	N.	museum
天安门	天安門	Tiān'ānmén	PN.	Tian'anmen Square
堵(车)	堵(車)	dǔ (chē)	V., Adj.	to block up; stifled
事故	事故	shìgù	N.	accident
关门	關門	guān mén	V-O.	to close (store, museum, etc)
要不	要不	yàobù	Conj.	What do you think if.../How about...
换车	換車	huàn chē	V-O.	to make a transfer
零钱	零錢	língqián	N.	change
找钱	找錢	zhǎo qián	V-O.	to give change (in transaction)
发票	發票	fāpiào	N.	receipt
虽说	雖說	suīshuō	Conj.	(oral) though, although
经历	經歷	jīnglì	N., V.	experience, to go through

耽误	耽誤	dānwù	V.	to delay
演出	演出	yǎnchū	N., V.	performance, show, play; to perform, to put on a show
京剧	京劇	Jīngjù	PN.	Beijing Opera
紧张	緊張	jǐnzhāng	Adj.	tight (in time or money); nervous
挤	擠	jǐ	Adj., V.	crowded; to squeeze (in)
公交车	公車	gōngjiāochē	N.	bus
打的	打的	dǎ dī	V-O.	to hail a cab
立交桥	立交橋	lìjiāoqiáo	N.	flyover, over-pass
走不了	走不了	zǒu bù liǎo	VP.	cannot move
后悔	後悔	hòuhuǐ	V.	to regret, to repent
早知道	早知道	zǎo zhīdao		if I knew it beforehand.../ Had I known earlier
不如	不如	bùrú	Conj.	it would be better to...
一般来说	一般來說	yìbān lái shuō	IE	generally speaking
值得	值得	zhíde	V.	to deserve, to be worthwhile
社会	社會	shèhuì	N.	society
调查	調查	diàochá	V., N.	to investigate, to survey; investigation, inquiry
放假	放假	fàng jià	V-O.	to be on a holiday or have a day off
旅游	旅遊	lǚyóu	V., N.	to travel; trip, tourism
各地	各地	gèdì	N.	various places
风土人情	風土人情	fēngtǔ rénqíng	IE	local customs and traditions
口头	口頭	kǒutóu	N.	oral, in word, verbal
报告	報告	bàogào	N., V.	to report
想法	想法	xiǎngfǎ	N.	idea, opinion
但愿如此	但願如此	dànyuàn rúcǐ	IE	I hope so

（二）

公共	公共	gōnggòng	Adj.	public, communal
城墙	城牆	chéngqiáng	N.	(ancient) city wall
发展	發展	fāzhǎn	V.	to develop; development
政府	政府	zhèngfǔ	N.	government
拆掉	拆掉	chāidiào	VP.	to dismantle, to tear apart
扩建	擴建	kuòjiàn	V.	to extend/expand (building, road, etc)
盖	蓋	gài	V.	to build
座	座	zuò	MW.	measure word for constructions and mountains
修	修	xiū	V.	to repair, to mend, to fix; build
宽	寬	kuān	Adj.	wide, broad
建	建	jiàn	V.	to build, to construct
随着	隨著	suízhe	Prep.	along with, in the wake of
扩大	擴大	kuòdà	V.	to expand, to enlarge
各式各样	各式各樣	gè shì gè yàng	IE	all types and styles of, of great variety
线	線	xiàn	N.	line, route (of subway, bus)
绿色	綠色	lǜsè	N.	green (often indicating "environmental friendly")
轻轨	輕軌	qīngguǐ	N.	light rail/elevated rail
运行	運行	yùnxíng	V.	to operate, to run
划算	划算	huásuàn	Adj.	economical, be worth the price
嫌	嫌	xián	V.	to dislike, to complain of, to grudge

够	夠	gòu	Adj., Adv.	enough, sufficient, adequate
十分	十分	shífēn	Adv.	very, fully, completely
趁机	趁機	chèn jī	V-O.	to take advantage of the occasion to..., to seize an opportunity to...
家常	家常	jiācháng	Adj., N.	daily; domestic trivia
遇到	遇到	yùdào	V.	to encounter
堵塞	堵塞	dǔsè	N.	to block, (traffic) jam
高峰期	高峰期	gāofēngqī	N.	peak time, rush hour
新手	新手	xīnshǒu	N.	green hand, novice
撞	撞	zhuàng	V.	to bump into, to collide, to crash
知名人士	知名人士	zhīmíng rénshì	NP.	celebrity
提倡	提倡	tíchàng	V.	to advocate, to promote, to encourage
一方面	一方面	yì fāngmiàn		on one side
改善	改善	gǎishàn	V.	to improve
状况	狀況	zhuàngkuàng	N.	condition, state(of affairs)
减少	減少	jiǎnshǎo	V.	to reduce, to decrease, to cut down
污染	污染	wūrǎn	V.	to contaminate
时代	時代	shídài	N.	times, age, era, epoch

语法结构

1. 该……了 (it is time to...)

This structure is used to emphasize it is the right time to do something.

"该"后为动词性成分，表示是时候做某事了。

Eg.

(1) 已经晚上十二点了，你该睡觉了。
It is twelve p.m. already. It is time for you to go to bed.

(2) 还有半年我就毕业了，现在该开始找工作了。
I will graduate in six months, and it is time for me to start job hunting.

请用"该……了"完成句子：

1) 你已经做了三个小时功课了，_____。

2) 我已经30岁了，_____。

. 要不这样吧 (How about...)

This expression is used to introduce an alternative solution, suggestion, or advice for a above-mentioned problem or situation.

对前面所提出的问题或状况，用该结构来引出一个新的提议、建议或解决方案。

Eg.

(1)（等的人还没有来）要不这样吧，你们先回去，我在这儿等他。
(The person who everyone is waiting for hasn't showed up yet.) How about this? You go back first, and I'll wait here for him.

(2)（从北京直飞纽约的飞机票卖完了）要不这样吧，你可以买从北京经芝加哥转机，再到纽约的机票。
(The non-stop flight tickets from Beijing to New York are sold out.) How about getting a connecting flight ticket from Beijing to New York that transfers at Chicago?

请用"要不这样吧"完成对话：

1) A：没想到今天来看京剧的人这么多，买票的人都排成长龙了。
   B：_____。

2）A：我的钱包丢了，现在连买饭的钱都没有了。
　　B：_____。

3）A：真糟糕！起得太晚，我来不及吃早饭了！
　　B：_____。

3. 早知道……还不如 (Had I known earlier..., I should have...)

This is a structure expressing subjunctive mood. It expresses a sense of regret of the speaker.

该句型表达一种虚拟语气，表明说话者很后悔。

Eg.

（1）早知道这个电影这么糟糕，还不如在家看电视。

　　 Had I known earlier that this movie is so bad, I would have stayed home watching TV.

（2）早知道会堵车，还不如走另外一条路。

　　 Had I known earlier that the traffic is so bad, I would have taken another route.

请用"早知道……还不如"完成句子：

1）A：没想到考试这么容易。
　　B：对呀，_____。

2）A：今天银行人多吗？
　　B：多极了，_____。

4. 一般来说 (generally speaking, ...)

This is used to introduce a general statement.

该结构用来介绍一个普遍的情况。

Eg.

（1）一般来说，中国城市的生活条件比农村的好得多。

　　 Generally speaking, living standards in Chinese cities are much better than that in rural area.

(2) 一般来说，中国高中生的学习压力都非常大。
Generally speaking, high school students in China have tremendous amount of pressure from study.

请用"一般来说"完成对话：
1）A：美国人都开车上下班吗？
　　B：_____。
2）A：为什么纽约年轻人特别多？
　　B：_____。

5. 为了……(..., in order to/that...)

The first part, which is introduced by "为了", is the purpose of the action.

"为了"所引导的成分用来表示目的。

(1) 为了发展经济，得先发展公共交通。
In order to develop the economy, we should improve public transportation first.
(2) 为了学生们能够学得更好，这儿的老师不在乎多做些工作。
In order to facilitate students' learning, teachers here would not mind doing extra work.

请用"为了……"完成句子：
1）_____，政府拆掉了很多古色古香的建筑。
2）_____，中国实行了独生子女政策。
3）A：你的中文怎么说得这么好？
　　B：_____，我常常跟出租车师傅聊天儿。

6. 随着……(accompanying/following...)

"随着" +VP consists of a preposition phrase, indicates the premise, background and concomitant events.

"随着"+动词性成分组成介宾短语，表明前提、背景或伴随的情况。

(1) 随着经济的发展，中国人的家庭结构也发生了变化。
    With the development of Chinese economy, the structure of Chinese families has changed as well.
(2) 随着交通工具的进步，我们来去都更方便了。
    With the improvement of public transportation system, commuting becomes easier.

请用"随着……"完成句子：

1) _____，人们的生活越来越方便了。
2) _____，对中文感兴趣的人越来越多。
3) A：为什么北京堵车这么厉害？
   B：_____。

7. 嫌…… (complain that.../is unsatisfied about the fact that...)

Verbs, phrases and clauses can be used as an object after "嫌", mostly implying negative meaning.

"嫌"后可加动词、短语或小句作宾语，多为否定性的。

(1) 你别嫌你的宿舍条件不好，比我的好多了。
    Don't complain about the conditions of your dormitory. It is much better than mine.
(2) 老师嫌我的口头报告太短。
    The teacher was unhappy about the fact that my oral presentation was too short.

请用"嫌……"完成句子：

1) A：出租车这么贵，你为什么不坐地铁来学校？

B：_____。

2）我爸爸不喜欢在小摊儿上买东西，_____。

3）A：他和同屋相处得很不好，你知道怎么回事吗？
　　B：_____。

8. 趁机 VP (take advantage of this opportunity to do something)

"趁机" cannot be used by itself, and has to take another VP, which serves as the purpose of "趁机".

"趁机"后一定要跟另外一个动词性成分，表示利用某个机会做什么事。

Eg.

（1）父母不在家，小康趁机在家里开晚会。
　　Neither of his parents are at home, so Xiao Kang takes advantage of this opportunity to throw a party at home.

（2）他喜欢跟小贩讨价还价，趁机练习练习中文。
　　He likes to bargain with street vendors, using this kind of opportunities to practice his Chinese.

请用"趁机"完成句子：

1）A：学中文以后，你好像更喜欢去中国饭馆儿吃饭了？
　　B：_____。

2）A：你打算参加今天的晚会吗？
　　B：_____。

第九课　北京的交通

课文理解 Comprehension

根据课文内容回答问题 Answer the questions based on the text

1）李月珊和康书林为什么要打的去看展览？
2）一般来说，什么时间容易堵车？
3）他们在哪儿下的车？
4）康书林觉得看这次展览值得不值得？为什么？
5）以前北京有没有城墙？现在呢？为什么？
6）很多城市在发展中都会遇到什么问题？北京呢？
7）北京交通事故为什么比以前多了？

词汇和句型练习 Vocabulary and Structure

1　选词填空 Choose the proper words to fill in the blanks

> 进行　总算　值得　经历　启发　碰到　紧张

1）他今天兴奋极了，可能是因为在路上_____了多年没见的老同学。
2）警察正在对事故原因_____调查。
3）为了城市扩建而拆掉传统建筑，_____吗？
4）A：大家都以为你今天不来了，你怎么来得这么晚？
　　B：唉，路上堵车，堵了一个多小时，_____在你们走以前到了。
5）天听到了一个故事（story），对我正在写的文章很有_____。
6）上个月我去旅游花了很多钱，现在经济特别_____。

7）每个孩子都会_____很多困难，这些困难会让他们慢慢长大(grow up)。

> 发展　污染　减少　改善　拆掉　划算　时代

1）"多骑车，少开车"可以_____交通状况。
2）北京公交车票很便宜，坐公交很_____。
3）有人说，网络在生活中越来越重要，所以现在是网络_____。
4）这个地方_____得很快，才两年就盖起了三座立交桥。
5）为了城市的现代化，政府_____了很多老房子。
6）这几个月我的经济很紧张，不得不_____用在旅游上的花费。
7）随着经济的发展，被_____的水资源（water resources）越来越多。

2　改写句子 Rewrite the following sentences

1）小张天天都给他女朋友打电话。
（哪天不……啊？）

2）如果不用付钱就能去旅游，每个人都想去。
（谁不……啊？）

3）去商场买东西，即使没带现金也没关系，我还有信用卡。
（反正）

4）看了这个电影以后，我马上知道作文可以写什么了。
（对……有启发）

5）和北京比，上海的空气还行。
（不算 adj.）

3 用所给的词语完成句子
Complete the sentences using given words

1) _____（嫌），我劝你最好坐出租车。
2) 在发展经济的同时，我们也要注意_____。（改善）
3) 坐地铁虽然没有打的快，_____。（划算）
4) 现在经济情况不太好，_____。（恐怕）
5) A：怎样改善大城市的交通状况？
   B：_____。（一方面……另一方面）
6) A：你觉得在美国坐出租车方便吗？
   B：_____。（一般来说）
7) A：_____？（趁机）
   B：可是出租车司机说话太快，我听不懂。
8) A：_____？（值得）
   B：太值得了，这个机会不是每个人都有的。

4 用"随着"完成下列句子
Complete the sentences with "随着"

1) 随着城市的扩大，_____。
2) 随着经济的发展，_____。
3) _____，交通问题越来越严重。
4) _____，汽车的价格会有很大变化。

5 翻译 Translation

1) The rush-hour traffic is terrible in this area.

2) Giving a speech in front of so many people is the most nerve-wracking thing I have ever done.

3) Although admission（门票）to the museum is very expensive, it is definitely worth it.

4) As the shopping mall expands, the price of the merchandise is getting higher.

5) The government dismantled that factory in order to reduce water pollution.

6) Don't complain that the old lady speaks too fast—you should take advantage of the opportunity to practice your listening.

表达练习 Speaking

1 完成对话 Complete the dialogues

（你和朋友讨论北京的经济问题）

A：你觉得北京的发展速度快吗？

B：当然很快。而且北京的公共交通很方便，_____。

（各式各样　划算　不算 adj.）

A：可是，_____。

（堵车　厉害　尤其是……　高峰期　而且　随着……　发展　污染　越来越……）

第九课　北京的交通

B：那你有没有好的法子？
A：＿＿＿＿＿＿＿＿＿＿＿＿＿＿＿＿＿＿＿＿＿＿＿＿＿。
（为了……　改善　提倡　一方面……一方面……）

2 讨论 Discussion

1. 从自行车时代到汽车时代。这是社会进步的表现吗？
2. 每个国家在发展中除了会遇到交通问题，还会遇到什么问题？
3. 减少环境污染除了提倡多骑自行车外，还有什么办法？
4. 为了城市的现代化，北京政府拆掉了很多古色古香的建筑，在你们国家有没有这样的情况？你的看法是什么？

阅读理解 Reading Comprehension

　　随着经济的发展，北京的交通状况越来越糟糕。在北京市区里，每天都会堵车，尤其是上下班的高峰期，堵车堵得特别厉害。由于2008年8月8号北京要开奥运会，到北京来的外国人越来越多，交通堵塞也越来越厉害。面对这样**严重**的交通问题，北京政府用几个很管用的法子来改善交通状况。

　　第一个法子是扩建三条新的地铁线路。这三条地铁线路不但条件特别好——有空调，很舒服，而且服务员的服务也很热情。在扩建地铁线路的同时，北京的公交车也开始运行"奥运专线"。这些公交车线是专门为奥运会准备的，这就是为什么它们的名字是"奥运专线"的原因。除了扩建地铁、运行"奥运专线"以外，北京政府还对驾驶汽车实行了"单双号政策"（drivers will only be able to use their vehicles during the Olympics and the Paralympics on alternate days according to whether they have even-odd-numbered license plates）。"单双号政策"使路上的汽车减少了一半，一方面对改善北京的交通状况有特别大的帮助，一方面可以减少环境污染，真是一举两得。

　　从上面三个很管用的法子上我们可以看出，北京政府对奥运会特别重视。现在，北京的交通状况已经有了很大的改善，可以说，在交通方面，北京已经准备好了。

补充词汇 Vocabulary

严重   yánzhòng   *Adj.*   severe

判断对错 True or False

1）北京的交通状况以前很糟糕，随着经济的发展，交通状况越来越好了。
2）为了改善交通状况，北京扩建了5条地铁线路。
3）"奥运专线"是专门为奥运准备的地铁线路。
4）政府实行"单双号政策"是为了让人们驾驶私人（private）汽车越来越方便。

社会调查 Social Survey

　　去图书馆查数据，调查一下纽约、东京、伦敦等大城市为了改善交通状况，都实行了哪些政策。

第十课

私人汽车在中国

（一）对话

（课间休息）

康书林：欸，李月珊，你怎么愁眉苦脸的？
李月珊：我碰到了一个难题，让我很郁闷。
康书林：什么难题，说出来我听听。
李月珊：昨天我的中国爸爸妈妈为了买车的事吵了起来。
康书林：他们吵架跟你有什么关系？

李月珊：不只是有关系，而且是有很大的关系。事情是这样的，我妈妈想买一辆新车，我爸爸不同意，说，他从家里走到学校不过15分钟，妈妈骑车上班才20分钟，根本就没有必要买车。可是妈妈说："你看看咱们的邻居，隔壁的张教授买了一辆进口车，对面的王医生也买了一辆小面包车，我们不比他们穷，为什么就不可以买辆车呢？再说，有了车就可以开车出去旅游了。"爸爸就说妈妈爱"虚荣"，妈妈就说爸爸"土"。说着说着两个人就吵了起来。后来他们来问我的意见。

康书林：这是好事啊。你以前不是说他们对你很客气，让你觉得不舒服吗？现在什么事都找你商量，这不是说明他们把你当成家人了吗？

李月珊：可是我该怎么说呢？说爸爸对吧，妈妈不高兴；说妈妈的主意好吧，爸爸就会生气。

康书林：那你自己对买车的事怎么看？

李月珊：爸爸的话很有道理，可是妈妈的话也不错，开车出去玩儿玩儿，改善改善生活，这不是也挺好的吗？欸，你主意多，你说说看，我怎么办？

康书林：这很好办。你就以上次堵车为例，问妈妈上下班堵车这么厉害，是骑车快还是开车快，然后你再给她解释：买一辆车不便宜，养一辆车更费钱。车的保险、天天涨价的汽油费，加上停车的问题，肯定不省事。

李月珊：可我这样说不就得罪妈妈了吗？

康书林：你别急。你可以这样劝妈妈，有钱人不一定都要买车，以纽约人为例，纽约有钱人那么多，可是大多数都不开车，连市长都每天坐地铁去上班——他可是一个亿万富翁啊。要是纽约人想开车出去玩儿，就租辆车。

李月珊：好主意！我可以给妈妈提一个建议，让爸爸学开车，到了周末，租一辆车带着全家人去玩儿。这样既省了钱，又丰富了全家人的生活。妈妈听了一定高兴。

康书林：你真聪明。

(二) 短文

要不要发展私家车

随着经济的快速发展，别说自行车，就是汽车在中国也越来越普及。改革开放以后，经济发展了，人们的观念也发生了改变。人们有了钱，可以给自己买房子，买车了。为了跟"公家车"区别，一个新的名词"私家车"出现了。据调查，从1996年到2004年，北京公路上的私家车以每年百分之三十的速度增加。

私家车市场的火爆，带动了很多相关行业的发展，洗车店、维修店、汽车装饰店、二手车市场、驾驶学校、租车公司纷纷出现，一些旅行社还开了私家车旅行专线。

车多了，经济发展了，车多了，可是问题也出现了：城市里的空气越来越差，交通堵塞越来越严重，绿地草坪越来越少，人们的活动空间越来越小。这些都是汽车快速进入家庭的后果。怎样既发展经济，又不污染环境，这是中国现在面临的一个重大问题。

(一)

| 私人 | 私人 | sīrén | Adj. | private, personal |
| 课间 | 課間 | kèjiān | N. | between classes |

休息	休息	xiūxi	V.	to take a break, to rest
愁眉苦脸	愁眉苦臉	chóu méi kǔ liǎn	IE	to wear a distressed expression; to look miserable
难题	難題	nántí	N.	difficult question, conundrum
郁闷	鬱悶	yùmèn	Adj.	gloomy, depressed, oppressive, melancholy
吵	吵	chǎo	V., Adj.	to quarrel, to make a noise; noisy
吵架	吵架	chǎo jià	V-O.	to quarrel, to wrangle, to bicker over
不过	不過	búguò	Conj.	only, merely, no more than
才	纔	cái	Adv.	only, merely
必要	必要	bìyào	Adj., N.	indispensable; necessity
邻居	鄰居	línjū	N.	neighbor
隔壁	隔壁	gébì	N.	next door
教授	教授	jiàoshòu	N.	professor
进口	進口	jìnkǒu	Adj.	imported
面包车	麵包車	miànbāochē	N.	van, minibus
穷	窮	qióng	Adj.	poor, impoverished
虚荣	虛榮	xūróng	Adj., N.	vain; vanity, peacockery
土	土	tǔ	Adj.	local, native, unfashionable
意见	意見	yìjian	N.	view, opinion
商量	商量	shāngliang	V.	to consult, to discuss, to talk over
道理	道理	dàolǐ	N.	reason, principle, rationale
例（子）	例（子）	lì (zi)	N.	example, case, instance
解释	解釋	jiěshì	V.	to explain
费钱	費錢	fèiqián	Adj.	costly
停车	停車	tíng chē	V-O.	to stop, to pull over, park the car

涨价	漲價	zhǎng jià	V-O.	to rise in price, (price) go up
汽油	汽油	qìyóu	N.	gas, gasoline
省事	省事	shěng shì	V-O., Adj.	to save trouble; convenient
得罪	得罪	dézuì	V.	to displease, to offend
大多数	大多數	dàduōshù	N.	most
市长	市長	shìzhǎng	N.	mayor
亿万富翁	億萬富翁	yìwàn fùwēng	NP.	billionaire
租	租	zū	V.	to rent, to hire
提	提	tí	V.	to raise, to put forward, to bring up
建议	建議	jiànyì	V., N.	to suggest; proposal, suggestion
丰富	豐富	fēngfù	V., Adj.	to enrich; rich, abundant

(二)

私家车	私家車	sījiāchē	N.	private car
快速	快速	kuàisù	Adv.	fast, quickly, with high speed
观念	觀念	guānniàn	N.	notion, concept, thought
改革开放	改革開放	gǎigé kāifàng	VP.	open up and reform (starting from 1979)
改变	改變	gǎibiàn	V.	to change
公家	公家	gōngjia	N.	the public
区别	區別	qūbié	V., N.	to distinguish, to differentiate; difference
名词	名詞	míngcí	N.	noun, term
出现	出現	chūxiàn	V.	to appear, to arise, to emerge
据	據	jù	Prep.	according to, based on
公路	公路	gōnglù	N.	highway, road
百分之	百分之	bǎifēnzhī		percent

市场	市場	shìchǎng	N.	market, marketplace, bazaar
火爆	火爆	huǒbào	Adj.	fiery, prosperous, booming
带动	帶動	dàidòng	V.	to bring along, to drive
相关	相關	xiāngguān	Adj.	related
行业	行業	hángyè	N.	trade, profession, industry
维修	維修	wéixiū	V.	to maintain and repair
装饰	裝飾	zhuāngshì	V., N.	to decorate; decoration, ornament
驾驶	駕駛	jiàshǐ	V.	to drive, to pilot (a ship or plane)
纷纷	紛紛	fēnfēn	Adv.	in succession
旅行社	旅行社	lǚxíngshè	N.	travel agency
专线	專線	zhuānxiàn	N.	special route
差	差	chà	Adj.	poor
严重	嚴重	yánzhòng	Adj.	severe, grave
绿地	綠地	lǜdì	N.	green space
草坪	草坪	cǎopíng	N.	lawn
活动	活動	huódòng	N., V.	activities; to exercise
空间	空間	kōngjiān	N.	space
进入	進入	jìnrù	V.	to enter
后果	後果	hòuguǒ	N.	consequence
面临	面臨	miànlín	V.	to face, to be confronted with
重大	重大	zhòngdà	Adj.	significant, momentous, major

语法结构

跟……有关系 (to have something to do with...; be related to...)

This structure is used to express the possible correlations.

该结构用来表示事情之间的关系。

Eg.

(1) 现代社会的胖子越来越多，跟生活习惯的改变有关系。

There are more and more over-weight people in modern society, which is related to the changes in life style.

(2) 北京的污染越来越严重，跟私人轿车数量快速增加有关系。

The pollution in Beijing is more and more serious, which is related to the rapid increase in the number of privately-owned cars.

请用"跟……有关系"完成句子：

1）现代人的压力越来越大，_____。

2）他的中文说得这么好，_____。

3）汽油一直涨价，_____。

不过 (only, merely; but)

"不过" has two distinctive meanings. (1) As an adverb, it expresses a tone of trivialization (See L.8 grammar note 10); (2) as a conjunction, it means "but, however", introducing a clause with a transition in meaning and tone.

"不过"有两个完全不同的用法和含义。(1) 作为副词，表示事情微不足道（参见第八课语法结构第十项）。(2) 作为连词，"不过"表示语气的转折。

Eg.

(1) 北京很多人买私家车不过是为了虚荣。

There are many people in Beijing who buy cars merely for the sake of vanity.

（2）买辆车开开当然很不错。不过，在北京这种地方，开车还不如打的。

Of course, buying a car and driving makes one feel good, but in a place like Beijing, taking a taxi is better than driving.

请用"不过(merely)"完成句子：

1）A：你的宿舍离学校远不远？
   B：_____。

2）A：谢谢你请我吃饭。
   B：别客气。_____。

请用"不过(but)"完成句子：

1）纽约工作的机会很多，_____。
2）日本车很省油，_____。

 3. V₁着V₁着（就）V₂起O来 (start to...while doing...)

This structure is a combination of the usage of "着" and "V起O来" (See L.8 grammar note 9 and L. 4 grammar note 1 respectively). While the first action is in progress, the second action starts to happen and tend to continue. The second action is embedded in continuation of the first action. V₁ and V₂ may have different subjects, or they can share one subject.

该句型综合了"着"与"V起O来"的用法和意义（分别参见第八课语法结构第九项，及第四课语法结构第一项)。该句型所表达的意义是当第一个动作仍在进行的时候，第二个动作突然开始并持续。第一个动作和第二个动作的主语不一定一致。

Eg.

（1）这本书很没有意思，他看着看着就睡起觉来。

This book is so boring that he fell asleep while reading.

（2）老师说她不够努力，说着说着她就哭起来了。

She started to cry when the teacher said that she is not hard-working enough.

请用"V₁着V₁着（就）V₂起（O）来"完成句子：

1）这个电影很有意思，_____。
2）他太累了，_____。
3）他老不注意语言誓约，_____。

4. VV看 (to have a try by doing)

The reduplication of the verb indicates a tone of lightness (relaxation). Please note that the verb here is usually a monosyllabic word such as "听", "试", "吃", "想", "说", etc.

动词的重叠使语气更轻松。注意这类动词常常是单音节动词，比方说"听"，"试"，"吃"，"想"，"说"等等。

Eg.

（1）中国应不应该控制私家车的发展，你说说看。

What do you think about whether China should control the advancement of privately owned cars?

（2）这件衣服看起来很不错，你试试看。

This piece of clothes looks good. Try it on!

请用"VV看"完成句子：

1）这首歌很好听，_____。
2）我同屋做了一个地道的中国菜，_____。
3）我刚给你买了一件新衣服，_____。

5. 要是……就…… (if...then...)

This is a typical conjunctive structure that connects two clauses, one of which states the condition while the other states the result based on the condition. The condition is introduced by "要是", which is interchangeable with "如果", and can be combined with end-of-the-sentence particle "的话". "就" have to appear after the subject of the regulative clause, which can be replaced by a question.

这是一个典型的关联结构，连接两个表示条件关系的分句。由"要是"引导的第一个分句说明一个假设的条件，第二个分句表示如果条件成立的结果。"就"出现在第二个分句的主语后。注意"要是"可以和"如果"互换，而且第一个分句结尾还可以加"的话"。

（1）要是中国不限制私家车的发展，十年以后，中国就会面临很严重的环境问题。

If China does not control the advancement of privately owned cars, China will face serious environment problems ten years from now.

（2）如果今年暑假我没什么事的话，我就去美国中西部游山玩水。

If I do not have any plans for this summer vacation, I'll go travel in the Midwest of the USA.

请用"要是……就……"完成句子：
1）你的四声不太准确，_____。
2）我对中国文化很有兴趣，_____。

6. 别说……就是……也 (not to mention topic A, even topic B, + Comment)

This structure can be used to emphasize topic A by introducing topic B which is related to A, but is more extreme than A in degree. The adverb "也" is used to introduce the comment. Logically, if the comment can be applied to topic B, then the comment certainly can be applied to topic A.

该结构通过引入B这样一个更极端的例子，来强调A。副词"也"用来引导一个评论。从逻辑上来说，如果这个评论可以适用于B，那么该评论一定能适用于A。

第十课　私人汽车在中国

Eg.

（1）别说看中文电影，就是日常对话，我也不一定都听得懂。
I might not even understand daily conversation, not to mention watching Chinese films.

（2）只要"小皇帝"喜欢，别说是玩具（wánjù: toy），就是星星，父母也会给他们买。
As long as the "little emperors" like it, their parents will get them stars, not to mention toys.

请用"别说……就是……也"回答问题：

1）A："小皇帝"会做饭吗？
　　B：_____。

2）A：在纽约买房子贵不贵？
　　B：_____。

3）A：你看得懂中文报纸(newspaper)吗？
　　B：_____。

7. 据…… (based on...)

This preposition introduces the source of the information stated. Please note that expressions that collocate with this preposition include: "调查(survey)", "……报导" (media report), "……所知" (somebody's knowledge), etc.

该介词结构用来介绍信息的来源。常和"据……"搭配的词包括"调查"、"报导"、"sb.所知"等等。

Eg.

（1）据《中国日报》报导，北京私家车的数量近十年来增加了好几倍。
According to *China Daily*, the number of privately owned cars in Beijing has increased several times during the past decade.

(2) 据我所知，地道的北京话跟普通话不是一回事。

As far as I know, the authentic Beijing dialect is different from standard Mandarin.

请用"据……"回答问题：

1) A：他为什么从来不吃快餐？

B：_____。

2) A：去年美国的经济情况怎么样？

B：_____。

 以……速度VP (do something at the speed/pace of...)

"以……速度" is a prepositional phrase and appear before the VP it modifies. There can be all kinds of modifiers for the noun "速度".

"以……速度"是一个介词结构，出现在所修饰的动词前。在"速度"前可以加入各种修饰语。

Eg.

(1) 这个国家的GDP以每年5%的速度增加。

The GDP of this country increases at a pace of 5% per year.

(2) 中国的经济正以飞快的速度发展。

China's economy is growing at a soaring speed.

请用"以……速度VP"回答问题：

1) 这几年，汽油价格越来越高，_____。

2) A：在美国，学中文的人多吗？

B：_____。

第十课　私人汽车在中国　159

课文理解 Comprehension

1 根据课文内容回答问题
   Answer the questions based on the text
   1）李月珊的中国爸爸妈妈为什么吵架？
   2）康书林给李月珊想出了什么主意？
   3）李月珊想给她的中国妈妈提什么建议？
   4）为什么出现了"私家车"这个新名词？
   5）私家车市场的火爆，对中国有哪些影响？
   6）汽车快速进入家庭，给中国带来了什么问题？

2 判断对错 True or false
   1）李月珊很郁闷是因为中文很难。　　　　　　　　　　　　（　）
   2）妈妈想买车的原因是她家离工作的地方很远。　　　　　（　）
   3）爸爸不同意买车是因为车太贵了，他们买不起。　　　　（　）
   4）中国实行改革开放政策以前，私家车就很普及。　　　　（　）

词汇和句型练习 Vocabulary and Structure

1 选词填空 Choose the proper words to fill in the blanks

   郁闷　得罪　进口　不过　建议　商量　有道理　大多数

   1）有的人因为怕_____老板，有意见也不敢提。
   2）很多年轻人喜欢买_____手机，我认为根本没有必要。
   3）我想_____公司多给职员提供学习的机会。
   4）你觉得"早睡早起对身体好"这个说法_____吗？

5) 要是我碰上难题，我就会跟我的父母_____。

6) _____十五岁以上的中国人都会骑自行车。

7) 我迟到（late）了_____一分钟，他为什么这么生气呀？

8) 我喜欢的篮球队（team）输了，让我很_____。

面临　出现　带动　区别　严重　纷纷

1) 汽车市场的火爆，虽然_____很多相关行业的发展，但也带来不少问题。

2) 生活在现代社会，竞争使人们随时随地都_____压力。

3) 由于环境污染的问题越来越_____，很多国家都开始实行保护（protect）环境的政策。

4) 改革开放以后，很多外国的公司_____来到中国，希望可以在这里找到更大的发展空间。

5) 交通堵塞的问题_____以后，为了省时间，越来越多的人选择使用公共交通上下班。

6) 学习中文常常遇到的问题是怎么_____一些意思差不多的词。

2　模仿造句 Construct sentences following the examples

1) <u>为了</u>一本书，他和他的朋友<u>吵起架来</u>。
   （为了……A跟B吵起架来）

2) 他中文说得好跟他总是听录音<u>有关系</u>。
   （A跟B有关系）

3) 碰到麻烦，我喜欢跟我的朋友<u>商量</u>。
   （A跟B商量）

3　改写句子 Paraphrase

1) 他很穷，根本没有钱买房子，甚至连租房子的钱都没有。
   （别说……就是……也）

2）你觉得美国的大学制度和中国有什么不同？
（A 跟 B 有区别）

3）改革开放以后，中国经济发展的速度非常快。
（以……速度 VP）

4）随着人口越来越多，出现的问题也越来越多。
（一个接着一个地 V）

4 完成句子

Complete the sentences using the given words or patterns

1）北京环境污染问题越来越严重，_____。(跟……有关系)
2）你们都不是孩子了，怎么能_____？（为了……吵架）
3）出了什么事情，先别着急，_____（跟……商量）。
4）虽说_____（省事），我觉得还是有自己的车比较方便。
5）这几天他总是愁眉苦脸的，_____（开导）。
6）既然你们跟我商量，_____（建议）。

5 完成对话 Complete the dialogues

1）A：现在很多人都买汽车了，你不打算买一辆吗？
   B：_____（别说……就是……也）。
2）A：他最近是不是买了一辆跑车（sports car）？
   B：_____（不过）。
3）A：你爸爸不想买车的理由是什么？
   B：_____（既……又……）。
4）A：网络的发展，带来了各种新的机会，也带来了各种新的问题。
   B：比方说，_____（出现）。

6 翻译 Translation

1) From the way she spends money, you can tell how vanity she is.

2) Most young people want to buy imported cell phones, but I think it's not necessary.

3) According to the report, there is not enough space for parking in New York City.

4) One problem we may have to face is that we have a tight financial situation.

5) The village is lagging behind. They don't have even one public telephone, let alone private ones.

表达练习 Speaking

1 对话练习 Complete the dialogues

环境污染

A：你对环境污染的问题有什么看法？
B：_____。（严重）
A：你觉得环境污染只是一个国家的问题吗？
B：_____。（不是……是……；面临；重大）
A：你觉得现在大多数国家的政府都认识到（realize）这个问题的重要性了吗？

第十课　私人汽车在中国　163

B：＿＿＿＿＿＿＿＿。＿＿＿＿＿＿＿＿。（纷纷；实行……政策）

A：要是一个国家的政府不重视环境会有什么后果？

B：＿＿＿＿＿＿＿＿＿＿＿＿＿＿＿＿＿。（要是……就……；出现）

2　成段表达 Mini talk

向你的朋友介绍改革开放以前和改革开放以后中国人的生活情况，说一说这个政策对中国经济和世界经济的影响。

（别说……就是……也……，区别，出现，带动，据……，面临，跟……有关系）

阅读理解 Reading Comprehension

中国本来是地道的"自行车王国"，有自己的自行车文化，可是随着经济的发展，汽车对人们的生活越来越重要，所以中国的私家车也就越来越多了。像美国一样，中国慢慢也有了自己的汽车文化。

虽然现在中国和美国都有汽车文化，可是两个国家的汽车文化却有很多不同点。比方说，在中国，改革开放以后人们的生活水平才开始越来越高，所以汽车对很多人来说还是一种**奢侈品**，私家车并不普及。很多有钱的人只是因为爱虚荣才买车，他们买车的时候别说二手车了，就是新车，如果不够档次，他们也不买。其实在中国的大城市，公共交通很方便，即使不买私家车也可以生活得很好。美国的情况就和中国的不一样了，美国的公路很先进，很多城市地方很大人却很少，公共交通并不太方便，开车上下班或者买东西既经济又方便，所以他们买车更重视车实用不实用。

补充词汇 Vocabulary

奢侈品　　　shēchǐpǐn　　　　　　*N.*　　　　　luxury

回答问题 Answer the questions

1）现在，私家车在中国算不算普及？为什么？
2）在北京这样的大城市，有必要买私家车吗？为什么？
3）美国的情况和中国的情况一样吗？美国人为什么买车？为什么买私家车在美国很有必要？

社会调查 Social Survey

1）请你采访一个出租车司机和一个有私家车的人，问问他们对发展私家车的看法。
2）请你采访一个没有车的人，问问他要是经济情况可以，他打算买私家车吗？为什么？

总结一下你的采访，给同学们做个报告。

第十一课

旅游经历

（一）对话

旅游经历

李月珊：你晒黑了！假期去哪儿玩儿了？
康书林：去了内蒙古大草原，还看了桂林山水。
李月珊：这可是一南一北呀，你真行！又坐火车，又坐飞机，还坐船了吧？
康书林：还骑了马呢。去了好几个省市，了解了少数民族家庭的生活，感触多了，皮肤黑了，口袋也空空的了。

李月珊：钱都花光了？

康书林：是啊，回到学校口袋里只剩下七块钱了。

李月珊：钱花得挺多，不过还是很值得的，像这样的机会也许不会再有了。

康书林：那也不一定。我决定明年再来中国，但不在北京了，我要去更多的地方看一看。假期你去什么地方了？

李月珊：你是一南一北，我是一东一西。我先去了青岛，又去了西安。

康书林：不错不错！咱们俩可以说是既上了天，又下了海，还入了地。

李月珊：什么意思？不懂。

康书林：我们都是坐着飞机飞来飞去，这是"上天"；在青岛美丽的海边跟朋友们一起游泳，去水族馆看海底动物，这叫"下海"。你在西安参观了秦始皇陵的兵马俑，这不是"入地"吗？

李月珊：你挺会总结的嘛。

康书林：怎么样？你的社会调查报告写出来了没有？

李月珊：出去旅游以前，不知道应该写什么；现在又有了新问题，这么多感受，不知道应该写哪一个。

康书林：写你感受最深的那一个就行了。

李月珊：让我感受最深的就是在中国农村的社会调查。在北京、青岛和西安这些大城市，觉得中国和美国好像并没有什么不同。可是去了一些小城镇，了解了农村生活以后，感触特别深。我觉得要想真正了解中国的社会和文化，就应该离开大城市，到比较偏远的地方去。

康书林：对，想要了解美国文化，一定要去美国的中西部。

李月珊：刚到北京的时候，看见到处都是高楼、汽车，我觉得很自然。可是这次体验了农村生活以后，回来再看到这些高楼、汽车，心情就完全不一样了。

康书林： 看来你的看法发生了变化。

(二) 短文

在中国旅游

以前在中国旅游可不是一件容易的事。人们普遍没有旅游的观念，加上买票难、吃饭难、住旅馆难等各种难题，让人不愿意出远门。而且在那个时候，有些交通工具不一定有钱就能坐。比方说，如果你想坐飞机和软卧，光是有钱是不够的，还得是一定级别的官员。现在只要有了钱，想坐什么就坐什么。想体验普通中国人的生活就坐硬座；要舒服一点儿就坐软座；想在火车上睡觉但又不想花太多钱的话，就坐硬卧；要想享受，就坐飞机或软卧。价钱当然会有很大的区别，可以根据个人的需要来选择。住旅馆也不再是个问题了，有钱可以住五星级饭店，钱少就住普通旅馆。嫌自己买票、找旅馆麻烦，就找旅行社。现在旅行社到处都是，为人们提供各种各样的服务，有一日游，也有多日游；有个人游，也有团体游。机票、火车票还可以送到你的家门口。有些要收手续费，有些不收。旅行社多了，竞争就更厉害了。在火车站或者飞机售票处，你常常可以碰到很多人推销他们的旅游服务。虽然有时候让人觉得不舒服，却给想旅游的人提供了很多选择。

现在中国人的消费观念发生了很大的变化，愿意外出旅游的人越来越多。每到旅游黄金周，旅游景点、名胜古迹、火车站、汽车站都是人山人海。所以出去旅游时要尽量避开游客多的旅游高峰期，要不然，只能看见人而看不见风景多扫兴啊。

词汇

(一)

晒黑	曬黑	shàihēi	VP.	to get tanned
假期	假期	jiàqī	N.	vacation, holiday
内蒙古	內蒙古	Nèiménggǔ	PN.	Inner Mongolia
草原	草原	cǎoyuán	N.	grassland, prairie
桂林	桂林	Guìlín	PN.	a city in Guangxi Province
山水	山水	shānshuǐ	N.	mountains and waters
少数民族	少數民族	shǎoshù mínzú	NP.	ethnic minority
感触	感觸	gǎnchù	N.	thoughts and feelings
皮肤	皮膚	pífū	N.	skin
空	空	kōng	Adj.	empty
花光	花光	huāguāng	VP.	to spend all (money)
剩下	剩下	shèngxia	V.	to be left (over), to remain
决定	決定	juédìng	V.,N.	to decide, to make up one's mind; decision
青岛	青島	Qīngdǎo	PN.	a city in Shandong Province
西安	西安	Xī'ān	PN.	capital city of Shanxi Province
入	入	rù	V.	to enter, to come into
美丽	美麗	měilì	Adj.	beautiful; beauty, fairness
海边	海邊	hǎibiān	N.	seaside
游泳	游泳	yóu yǒng	V-O.	to swim
水族馆	水族館	shuǐzúguǎn	N.	aquarium
海底	海底	hǎidǐ	N.	seabed, seafloor
动物	動物	dòngwù	N.	animal

秦始皇	秦始皇	Qínshǐhuáng	PN.	the Emperor Qin, the first emperor who unified China in 220 B.C
陵	陵	líng	N.	mausoleum, imperial tomb
兵马俑	兵馬俑	bīngmǎyǒng	N.	terra-cotta warriors
总结	總結	zǒngjié	V., N.	to summarize; sum-up
感受	感受	gǎnshòu	N., V.	experience and feeling; to feel
深	深	shēn	Adj.	deep, profound
城市	城市	chéngshì	N.	metropolis
不同	不同	bùtóng	Adj.	different, distinct
城镇	城鎮	chéngzhèn	N.	small towns
离开	離開	líkāi	VP.	to leave, to take off, to depart
比较	比較	bǐjiào	Adv.	relatively, comparatively
偏远	偏遠	piānyuǎn	Adj.	remote, faraway
中西部	中西部	zhōngxībù	N.	midwest
高楼	高樓	gāolóu	N.	tall building, skyscraper
变化	變化	biànhuà	N., V.	change

(二)

普遍	普遍	pǔbiàn	Adj., Adv.	universal, general, pervasive
各种	各種	gèzhǒng		all kinds of, various
出远门	出遠門	chū yuǎnmén	V-O.	to leave home for a long journey
工具	工具	gōngjù	N.	tool, instrument
光	光	guāng	Adv.	solely, just
软卧	軟臥	ruǎnwò	N.	soft-cushioned berth (train)
级别	級別	jíbié	N.	rank, level, grade, scale
官员	官員	guānyuán	N.	government official
硬座	硬座	yìngzuò	N.	hard seat (train)

软座	軟座	ruǎnzuò	N.	soft seat (train)
硬卧	硬臥	yìngwò	N.	hard-cushioned berth (train)
享受	享受	xiǎngshòu	V.	to enjoy; enjoyment, pleasure
根据	根據	gēnjù	Prep.	based on, according to
爱好	愛好	àihào	N., V.	hobby; be fond of
需要	需要	xūyào	N., V.	need; to require, to demand
选择	選擇	xuǎnzé	V., N.	to choose, to opt, to select, to pick; choice, option
饭店	飯店	fàndiàn	N.	hotel
提供	提供	tígōng	V.	to provide, to supply, to offer
一日游	一日遊	yīrìyóu	N.	one-day trip
团体	團體	tuántǐ	N.	group, team
机票	機票	jīpiào	N.	plane ticket
收	收	shōu	V.	to collect, to charge
手续费	手續費	shǒuxùfèi	N.	service charge, handling fee
售票处	售票處	shòupiàochù	N.	ticket office, booking office
推销	推銷	tuīxiāo	V.	to promote the sales; sale promotion, salesmanship
消费	消費	xiāofèi	V.	to consume; consumption
黄金周	黃金週	huángjīnzhōu	N.	golden week (refers to one-week holidays around Oct. 1st)
景点	景點	jǐngdiǎn	N.	scenic spot, attraction
名胜古迹	名勝古跡	míngshèng gǔjì	NP.	famous scenic spots and historical sites
人山人海	人山人海	rén shān rén hǎi	IE	ocean or sea of people, huge crowd
避开	避開	bìkāi	V.	to prevent, to avoid
游客	遊客	yóukè	N.	tourist

| 扫兴 | 掃興 | sǎo xìng | V-O. | to feel disappointed or discouraged; to dampen one's spirit |

语法结构

1. V 光(Object) (become emptied, all is gone)

"光" is a resultative complement to the verb that indicates that nothing/nobody is left as a result of the action.

"光"作结果补语，意思是什么都没剩下。

Eg.

（1）人走光了。

　　　Everybody is gone.

（2）他差不多每个月都把工资用光。

　　　He used up his salary almost every month.

请用"V 光 Object"完成句子：

1）我今天特别饿，买了两个汉堡包，＿＿＿＿＿＿＿＿＿＿＿＿。

2）我最近买了很多很贵的东西，才两个星期，＿＿＿＿＿＿＿＿＿＿。

3）A：你不是去买电影票了吗？怎么没买？

　　B：真郁闷！＿＿＿＿＿＿＿＿＿＿＿＿＿＿＿＿＿＿＿＿＿＿＿＿。

2. 进行 (carry out, is in progress)

The general patterns of the usage of this verb are:1) "agent ＋进行＋activity" (carry out); 2) "activity＋正在进行(中)(is in progress)"。Please note that these activities are lasting, formal and serious ones. "进行" is often used together with progressive aspect marker "正在" and continuation aspect marker "着".

该动词的主要意义和用法如下：1）表示动作的实施："施动者+进行+动作"；2）表示动作的进行："动作+正在进行（中）"。注意这些动作都有可持续、正式、严肃的特点。另外，"进行"常和进行时态的标记"正在"以及表动作持续的体态标记"着"连用。

(1) 人类学家常常要在偏远的地方进行社会调查和研究。
Anthropologists usually need to carry out social surveys and researches in remote area.

(2) 比赛正在进行中。
The match is in progress.

(3) 美国政府(government)正在进行着中小学教育改革。
US government is carrying out educational reform for primary and middle schools.

请用"进行"问答问题：
1）前面发生了交通事故，_____。
2）A：政府官员常常会对什么问题进行讨论？
　　B：_____。

3. 想……+ wh... 就……+ wh... (whatever/wherever/whomever....you want to..., you can...)

This structure signifies that one does something as one wishes. Please note that the two "wh-" question words are the same.

该句型意思是随心所欲做某事。

(1) 放春假了，你想去哪儿玩儿就去哪儿玩儿。
It is spring break! You can go wherever you want.

(2) 我这儿有两张京剧演出的票，可是我没有时间，你想跟谁去就跟谁去吧。

I have two Peking Opera tickets, but I don't have time to go seeing it. You can go with whoever you want.

请用"想……就……"完成句子：
1) 再过三个星期我们就放假了，＿＿＿＿＿＿＿＿＿＿＿＿＿＿＿＿。
2) 学校附近有各种各样的饭馆儿，＿＿＿＿＿＿＿＿＿＿＿＿＿＿。
3) A：他怎么又买了一辆车？
   B：反正他那么有钱，＿＿＿＿＿＿＿＿＿＿＿＿＿＿＿＿＿＿。

4. 根据+…… (On the basis of.../According to...)

The preposition "根据" can form a prepositional adverbial that appears before the predicate or the subject, indicating the basis of the situation.

"根据"所引导的介词结构作状语，可放在谓语前，也可放在主语前，说明基础和根据。

Eg.

(1) 老师让学生根据自己假期旅行的经历写一篇作文。
    The teacher asked the students to write an essay based on their travel experience during their vacations.
(2) 根据调查的结果，大多数北京人认为北京的交通状况这两年有了很大的改善。
    According to the survey, most people in Beijing believe that the transportation has improved a lot during the last two years.

请用"根据……"完成句子：
1) 北京有各种各样的交通工具，你可以＿＿＿＿＿＿＿＿＿＿＿＿＿＿。
2) A：一般来说，美国人根据什么选择住处(residence)？
   B：＿＿＿＿＿＿＿＿＿＿＿＿＿＿＿＿＿＿＿＿＿＿＿＿＿＿＿。

你的朋友收到了几个工作offer，他不知道怎么选择，你能给他一些建议（suggestion）吗？

5. （为/给……）提供…… (Provide sth for sb)

Please note that the preposition "为" or "给" is used to introduce the beneficiary of the verb "提供".

由"为"或"给"引导的介词结构，说明了动词"提供"的受益者。

Eg.

(1) 中国的经济快速发展，为懂中文的美国人提供了大量的工作机会。

The remarkable growth of the Chinese economy has provided many job opportunities for Americans who understand the Chinese language.

(2) 如果你点的菜超过20元，这家饭馆儿可以为你提供送外卖的服务。

This restaurant provides free delivery for orders above $20.

请用"为……提供……"完成句子：

1）中国经济的快速发展_____。

2）A：你们公司待遇怎么样？
　　B：_____。

3）A：为什么人们都喜欢住五星级饭店？
　　B：_____。

6. 尽量 (to one's best ability, whenever possible)

This is an adverb which appears before the verb or adjective it modifies.

副词，用作状语，出现在动词或形容词之前。

Eg.

(1) 开车出门的时候，应该尽量避开上下班高峰期。

When driving, we should try our best to avoid rush hours.

(2) 为了省钱，我们尽量住便宜的旅馆，坐火车尽量买硬座。

In order to save money, we live in cheap inns and buy hard-seat train tickets whenever possible.

请用"尽量"完成句子：

1）在发展经济的同时，应该_____。

2）朋友有困难的时候，_____。

3）出门在外，为了不生病，_____。

7. 多……啊 (how...it is!...)

This structure is used to modify adjective phrases, stressing a great degree. It is usually used in exclamatory sentences.

该结构表示程度很强烈，中间多为形容词性成分。常见于感叹句。

Eg.

（1）坐三十个小时的火车多不舒服啊！

　　How uncomfortable it is to travel by train for thirty hours!

（2）整天吃饭睡觉不工作——这样的生活多幸福啊！

　　If only one can eat and sleep without having to work!——What a happy life it is!

请用"多……啊"完成句子：

1）要是每天都没有功课，_____。

2）A：我们去西门的小摊儿吃饭吧？

　　B：_____，我们去好一点儿的饭馆儿吧。

3）A：我想买一辆新自行车。

　　B：_____，我建议你买一辆二手的。

练 习

课文理解 Comprehension

1 根据课文内容回答问题
Answer the questions based on the text

1) 假期康书林去了哪些地方？李月珊呢？
2) 康书林怎么总结他们两个人这次的旅游？
3) 旅游回来后，李月珊感受最深的是什么？
4) 以前在中国旅游容易吗，为什么？
5) 现在旅行社为人们提供哪些服务？

词汇和句型练习 Vocabulary and Structure

1 选词填空 Choose the proper words to fill in the blanks

> 偏远　比较　决定　变化　参观　空空的　感触

1) 我_____到小城镇工作，大城市的压力太大了。
2) 去那个_____地区，得先坐一天火车，再坐半天汽车。
3) 这个地方以前不过是一个小城镇，没想到这几年_____这么大。
4) 我打算接受那个收入_____高的工作。
5) _____了校园以后，他就决定要考这个大学。
6) 看了这个电影，我才知道世界上还有很多地方的人穷得没有饭吃，让我有很多_____。
7) 我刚到纽约，一个朋友都没有，心里_____。

第十一课 旅游经历

普遍　人山人海　享受　扫兴　提供　尽量　推销　消费

1）听着音乐看书真是一种_____啊！
2）你刚来这儿工作，如果有什么问题就找我，我一定会____帮你。
3）A：今天去看比赛的人多吗？B：太多了，_____。
4）实行改革开放政策以后，中国人的_____观念改变了很多。
5）很多商场用打折的法子_____自己的东西。
6）本来说好明天去故宫（Forbidden City），他又说不去了，真_____。
7）A：你为什么选择了这家公司？
　　B：这家公司给我_____了更多的机会。
8）大城市_____存在交通问题。

2　模仿造句 Construct sentences following the examples

1）她总是能买到既便宜又好看的衣服，看起来她挺会买衣服的。
（挺……的）

2）为了给妈妈买生日礼物，我花光了这个月的工资。
（V光）

3）每次考试小王都是第一名，他可真行！
（Sb.（可）真行！）

4）要想了解中国，光去北京、上海等大城市不行，还得去偏远的农村看看。
（光……不行/够，还得/应该/要……）

5）图书馆里有各种各样的书，同学们想看什么就看什么。
（想vp+wh……就vp+wh……）

6）纽约有很多工作机会，你可以根据自己的情况选择工作。
（根据……VP）

3 **用所给的词语和句型完成对话**

Complete the sentences using the given words

1）A：随着私家车越来越多，出现了什么问题？
　　B：_____（……等N）。

2）A：怎样才能学好中文？
　　B：_____(光是……不够，还要……)。

3）A：你的身体这么好，有什么秘诀（secret）？
　　B：_____（尽量……）。

4）A：自己找旅馆太麻烦，有什么法子吗？
　　B：_____（……就行了）。

4 **用所学的句型和词语把下列句子翻译成中文**

Translate the following sentences using the structures and vocabularies we've learned

1) Because I only had 1000 Yuan left, I decided to stay in Beijing during the one-week break.

2) This performance is not bad, but I prefer the Peking Opera, which has more distinctive cultural flavor.

3) Since the sociologist carried out the social survey, his opinions about Beijing have changed a lot.

4) In rural China, ideas about spending are rather backward.

5) In order to save money, they tour places with low admission charges whenever possible.

6) The expansion of the campus provided more space for the students.

表达练习 Speaking

1 对话练习 Complete the dialogues

A：听说你去云南旅游了，在中国旅游不是很不容易吗？
B：那是以前，_____
　　　　　　　（旅游观念　难题　出远门　光……不够）
现在人们的观念改变了，_____。
　　　　　　　（想……就……　享受　根据……选择）
A：你是自己去的还是参加了旅行社？
B：我和朋友一起参加了旅行社，_____。
　　　　　　　（划算　各种各样　为……提供……　选择）
A：去那儿旅游的人多吗？
B：_____。
（人山人海　尤其是……　黄金周　尽量　避免　要不然　扫兴）

2 讨论 Discussion

1) 你去过中国哪些城市，参观过哪些风景名胜？什么地方让你感受最深？给同学们讲一讲你的经历和感触。

2) 有人说"中国人花昨天的钱，美国人花明天的钱"，你同意这种说法吗？你觉得美国人的消费观念是怎样的？

阅读理解 Reading Comprehension

改革开放以后，人们的生活水平越来越高，旅行的观念在中国也越来越普及。以前，放假的时候，中国人常常待在家里看电视、看书，和家人聊聊天。即使出去，也就是去商场买点东西、去公园转转，最多也就是去看看电影。可是现在，人们的生活节奏很快，压力也很大，为了离开每天都要面对的工作和压力，越来越多的人利用放假的机会去旅行，让自己好好放松放松，感受一下大自然。

由于旅游业的发展可以带动很多相关行业的发展，所以旅游市场的火爆对中国经济的发展很有好处。为了鼓励人们多去旅行，中国政府实行了"黄金周"的政策，这样，人们就可以利用这两个很长的假期到比较远的地方去旅行了。刚开始实行这个政策的时候，很多人特别兴奋，利用黄金周到处去旅行。可是，随着旅行观念在中国的普及，现在黄金周的时候，几乎任何一个名胜古迹、景点都是人山人海。人们去这些地方旅行不但不能放松，还常常因为人太多而让自己更紧张。有人说，旅行本来应该是一种享受，可是如果旅行的地方到处都很挤、也要面对很多人，那旅行就不再是一种享受，也就**失去**了它的意义。也许这就是为什么现在很多人黄金周的时候不愿意去名胜古迹旅游的原因。

 补充词汇 Vocabulary

失去   shīqù   V.   to lose

判断 True or false
1）改革开放以前，旅行在中国就很普及了。
2）以前放假的时候，中国人特别喜欢出去玩，一点也不喜欢待在家里。
3）政府鼓励人们多旅行，所以实行了"黄金周"政策。
4）现在，很多人不愿意去名胜古迹旅游，因为几乎每个名胜古迹都是人山人海。

回答问题 Answer the questions

1）以前中国人放假的时候喜欢做什么？现在，为什么越来越多的人利用放假的机会去旅行？

2）为什么旅游市场的火爆对中国经济的发展很有好处？为了鼓励人们旅行，中国政府实行了什么新政策？

3）有人说什么样的旅行不是一种享受？你同意他的说法吗？

社会调查 Social Survey

上网找一找现在在中国最热门（hot; popular）的旅游路线，选择一个，给同学们介绍一下。

第十二课

娱乐生活

 对话

周末晚上去哪儿?

康书林： 李月珊，这个周末晚上我们去哪儿玩儿玩儿？你也别整天看书了，放松放松吧。

李月珊： 好啊，那你就带我去喝酒吧，喝醉了再回来。

康书林： 你就别开玩笑了。自从我上次喝多了啤酒拉肚子以后，我就已经不怎么喝了。

李月珊： 那你是根本就不喝了呢，还是偶尔还喝呢？

康书林： 可以说，我现在是基本上不喝酒了。说正经的，今天晚上咱们去什么地方？

李月珊： 我们去看京剧好不好？我很喜欢京剧，唱腔特美，服装很漂亮，武打也非常棒。

第十二课　娱乐生活

康书林：京剧好是好，可是上次我们不是跟暑期班的同学一起看过了吗？咱们去看杂技怎么样？又惊险又刺激。

李月珊：上个周末不是刚看过了吗？

康书林：那去看电影怎么样？听说电影院新进了一些美国大片儿，还配了音。美国明星说汉语，多有意思呀！

李月珊：要想看美国电影我们可以回国去看。在中国我们就应该体验体验中国人的娱乐生活。

康书林：那我教你下中国象棋，这绝对是中国人的娱乐。

李月珊：你还会下中国象棋？谁教你的？

康书林：我在街上学的。你没发现吗？一到傍晚，路边常常摆着一个小桌儿，很多人围在一起，他们在看下象棋呢！

李月珊：我说呢！我常常看见一大堆人围在一起，觉得很好奇，但一直不知道怎么回事。

康书林：开始的时候我什么都看不懂。看多了，就看明白一点儿了。后来我就开始跟他们下棋，有一次还差点儿赢了他们呢。

李月珊：我对下象棋没兴趣，倒觉得坐在街边下棋挺好玩儿的。在美国从来没看到过这样的事情，别说在街上坐着下棋，就是在街上走路的人都很少。你说，这些人为什么不在家里下呢？

康书林：这你就不懂了，这叫群众娱乐。人多了热闹。等你学会下棋以后，你也可以去路边下棋，感受感受那种气氛。

李月珊：你还是以后再教我吧。下棋就是你我两个人，我看咱们也来个群众娱乐，叫几个同学一起去唱卡拉OK怎么样？

康书林：好主意。咱们早点儿去。我听说很多卡拉OK厅在晚上八点以前打五折，非常便宜；有的还送免费的啤酒呢。

李月珊：你还是忘不了你的啤酒。

(二) 短文

中国人的业余生活

中国人的业余生活可以说是丰富多彩。一大早，在很多空地，你都可以看到很多人在练功、跑步、打太极拳；老人们提着鸟笼子遛鸟；有的人牵着宠物遛弯儿。到了晚上，广场上，一大群老大妈拿着扇子，随着音乐的节奏兴高采烈地跳舞。大门口，马路边，有人摇着扇子"侃大山"；路灯下，街道旁，很多人围在一起下棋、打牌。这些群众娱乐使人和人的距离变近了。

喜欢安静的人，业余时间可以种花种草，养鱼养虫。现在北京已经有好几家大的花鸟鱼虫市场。

不过花鸟鱼虫也好，打牌下棋也好，好像这些都是成年人、退休老人的事儿，很少能看到青少年的身影。他们要么在书桌前为上大学、前途奋斗着，要么在电脑打游戏、上上网。

现代中国人的娱乐方式更是多样化。想欣赏高雅艺术，就去剧场听听音乐会，看看话剧；想和朋友们聚一聚，就去大吃一顿，再去卡拉OK厅或者舞厅。想享受田园风光，就到湖里划船，到河边钓鱼，感受大自然的魅力。用什么方式娱乐不要紧，关键是自己高兴。不过，现代社会竞争压力很大，生活节奏非常快，也有很多人几乎没有娱乐的时间。

第十二课 娱乐生活

词汇

（一）

后海	後海	hòuhǎi	PN.	Houhai, a place in Beijing
三里屯	三里屯	Sānlǐtún	PN.	Sanlitun, a place in Beijing
醉	醉	zuì	Adj.	drunk
偶尔	偶爾	ǒu'ěr	Adv.	occasionally, once in a while
基本上	基本上	jīběnshang	Adv.	mainly, basically
正经	正經	zhèngjǐng	Adj.	decent, serious
娱乐	娛樂	yúlè	V.	entertainment, recreation; to entertain, to amuse
唱腔	唱腔	chàngqiāng	N.	aria, melodies of the singing part in an opera
美	美	měi	Adj.	beautiful, pretty
服装	服裝	fúzhuāng	N.	costume, apparel
武打	武打	wǔdǎ	N.	acrobatic combat in Chinese opera or Kongfu movie
棒	棒	bàng	Adj.	excellent, great
暑期班	暑期班	shǔqībān	N.	summer class
杂技	雜技	zájì	N.	acrobatics
惊险	驚險	jīngxiǎn	Adj.	alarmingly dangerous, thrilling
刺激	刺激	cìjī	V.	provoke, stimulate
新	新	xīn	Adv., Adj.	newly, recently; new
大片儿	大片儿	dàpiānr	N.	hit movie, blockbuster
配音	配音	pèi yīn	V-O.	to dub (a film)
明星	明星	míngxīng	N.	(movie, etc.) star

象棋	象棋	xiàngqí	N.	Chinese chess
绝对	絕對	juéduì	Adv.	absolutely
发现	發現	fāxiàn	V.	to find out, to notice; discovery
傍晚	傍晚	bàngwǎn	N.	dusk, nightfall
路边	路邊	lùbiān	N.	sidewalk
摆	擺	bǎi	V.	to set up, to display, to arrange
围	圍	wéi	V.	to enclose, to surround
下棋	下棋	xià qí	V-O.	to play chess
我说呢	我說呢	wǒ shuō ne	IE	No wonder
堆	堆	duī	MW.	a pile of, measure word for crowd
好奇	好奇	hàoqí	Adj.	curious, inquisitive
一直	一直	yìzhí	Adv.	all along
兴趣	興趣	xìngqù	N.	interest
街	街	jiē	N.	street
群众	群眾	qúnzhòng	N.	the masses, the people
热闹	熱鬧	rènao	Adj.	bustling with noise and excitement, liven up, liveliness
气氛	氣氛	qìfēn	N.	atmosphere, tone
卡拉OK厅	卡拉OK廳	kǎlāOKtīng		Karaoke place
免费	免費	miǎnfèi	Adj.	free, gratis, free of charge

(二)

业余	業餘	yèyú	Adj.	amateur; after-work, spare (time)
空地	空地	kòngdì	N.	vacant lot, open ground
练功	練功	liàn gōng	V-O.	to practice one's professional training,

				skills (such as acting, gymnastics, acrobatics, etc.)
太极拳	太極拳	tàijíquán	N.	the traditional Chinese shadow boxing
提	提	tí	V.	carry
鸟笼子	鳥籠子	niǎolóngzi	N.	bird cage
遛鸟	遛鳥	liù niǎo	V-O.	to walk bird, and let it sing
牵	牽	qiān	V.	to lead along; to hold the leash
宠物	寵物	chǒngwù	N.	pet, house pet
遛弯儿	遛彎兒	liù wānr	V-O.	(Beijing dialect) to wander about, to walk (the pet)
广场	廣場	guǎngchǎng	N.	square, plaza
群	群	qún	MW.	a group of, a crowd of
老大妈	老大媽	lǎodàmā	N.	mid-aged woman, old woman
扇子	扇子	shànzi	N.	fan
节奏	節奏	jiézòu	N.	rhythm, beat
兴高采烈	興高采烈	xìng gāo cǎi liè	IE	in high spirits, excited
马路	馬路	mǎlù	N.	road
摇	搖	yáo	V-O.	to shake, to wave, to rock
侃大山	侃大山	kǎn dàshān	V-O.	(colloquial) to chat and brag
路灯	路燈	lùdēng	N.	road lamp, streetlight
街道	街道	jiēdào	N.	street
打牌	打牌	dǎ pái	V-O.	to play mahjong or cards
种花	種花	zhòng huā	V-O.	to grow flowers, to do floriculture
养鱼	養魚	yǎng yú	V-O.	to raise fish

虫	蟲	chóng	N.	insect, worm
成年人	成年人	chéngniánrén	N.	adult, grown-up
退休	退休	tuì xiū	V.	to retire
身影	身影	shēnyǐng	N.	figure, profile, silhouette
要么	要麼	yàome	Conj.	either...or
前途	前途	qiántú	N.	future, prospects
奋斗	奮鬥	fèndòu	V.	to struggle, to strive (for), to work hard
游戏	遊戲	yóuxì	N.	game, pastime
多样化	多樣化	duōyànghuà	Adj.	diversified
欣赏	欣賞	xīnshǎng	V.	to appreciate, to enjoy
高雅	高雅	gāoyǎ	Adj.	refined, elegant; elegance
艺术	藝術	yìshù	N.	art
剧场	劇場	jùchǎng	N.	theater
话剧	話劇	huàjù	N.	modern drama, stage play
聚	聚	jù	V.	to get together
舞厅	舞廳	wǔtīng	N.	dance hall, ballroom
田园	田園	tiányuán	N.	pastoral, countryside
风光	風光	fēngguāng	N.	scene, view, sight
划船	划船	huá chuán	V-O.	to paddle or row boat
钓鱼	釣魚	diào yú	VO.	to go fishing
大自然	大自然	dàzìrán	N.	nature
魅力	魅力	mèilì	N.	charm, fascination, charisma

语法结构

1. 自从……(以后)，…… .(Ever since....)

The preposition "自从" is used to refer to a starting point in time in the past.

介词"自从"用来引入一个过去的时间点。

(1) 自从搬到中国人家里以后，我的中文快速地进步了。
　　Ever since I moved into a Chinese home stay, my Chinese has improved quickly.
(2) 自从改革开放以后，中国人受到西方文化的影响越来越大。
　　Ever since the Reform and Open up, Chinese has received more and more cultural influence from the West.

请用"自从……(以后),……"回答问题：

1）A：你以前不是很爱喝啤酒吗？现在怎么不喝了？
　　B：_____。
2）A：你的中文真是越来越好了。
　　B：_____。
3）A：你现在怎么每个星期都去中国城？
　　B：_____。

2. 基本上 (mostly, in principle)

　　This is an adverb that appears before the verb it modifies or at the beginning of the sentence.
　　既可出现在动词前，也可出现在句子最前面。

(1) 我基本上同意你的看法。
　　I basically agree with you.
(2) 基本上，在外国生活的第一年是最难的，第二年就好多了。
　　Basically, the first year living abroad is the most difficult time. The second year will be much better.

新+V (newly)

Here "新" is an adverb that appears before the verb.

"新"作副词，出现在动词前，意思是"刚刚"，"最近"。

Eg.

（1）这是小张新买的手机。

This is Xiao Zhang's newly bought cell phone.

（2）我们新发现了一个喝酒的好地方。

We newly found a good place for drinking.

请用"新+V"完成句子：

1）她很讲究穿，_____。

2）_____，今天咱们去吃吃看。

3）A：跟小王一起吃饭的那个人是谁？

　　B：_____。

 A 也好，B 也好……都/也……(no matter A, or B,...still)

"……也好……也好" is used to connect two or more parallel structures and put forward several conditions. "都/也" is used to introduce the main clause which states that the situation won't change under any circumstances.

"……也好……也好"连接数个并列结构，说明几种可能的条件。"都/也"出现在主句中，表示情况在各个可能的条件下都是一样的。

Eg.

（1）老师也好，学生也好，到期末的时候都非常累。

Both teachers and students feel tired at the end of the semester.

（2）大人也好，小孩也好，都喜欢娱乐活动。

No matter adults or children, they all like entertainment activities.

请用"A 也好，B 也好……都/也"回答问题：

1）A：你觉得是中国人重视教育，还是美国人重视教育？

　　B：_____。

2) A：中国的环境污染问题很严重，美国有这样的问题吗？
   B：_____。

5. 要么A要么B (either...or...)

This conjunctive structure is used to coordinate two clauses that offer equally possible choices.

该句型提供了两个具有相同可能性的选择。

Eg.

（1）我们今天晚上要么去唱歌，要么去跳舞。
   Tonight, we will either go singing or dancing.

（2）要么你来，要么我去。
   Either you come or I go.

请用"要么……要么……"回答问题：

1) A：周末美国大学生一般做什么？
   B：_____。

2) A：美国人常常坐火车去旅行吗？
   B：_____。

3) 我从星期一到星期四都很忙，_____，一点儿放松的时间都没有。

6. ……不要紧，关键是……(...doesn't matter, ... the key point/most important is to/that...)

This conjunctive structure is used to connect two clauses that put forward two situations of different importance.

该句型用来连接两个小句，第一个小句中的情况，没有第二个小句中的情况那么重要。

Eg.

（1）老师常说，考得好不好不要紧，关键是清楚为什么错。
   Teachers often say that grades are not important—the key point is to

make sure you know why you make those mistakes.

（2）在我看来，菜好不好吃不太重要，关键是饭馆儿的环境好、气氛好。

In my opinion, for a restaurant, food quality is not that important—dinning environment and atmosphere are more crucial.

请用"……不要紧，关键是……" 回答问题：

1）A：我觉得请别人吃饭就要去上档次的饭馆儿。
　　B：_____。

2）A：你想买中药还是西药？
　　B：_____。

3）A：你觉得咱们是应该去大城市旅游，还是应该去比较偏远的地区看看？
　　B：_____。

练 习

课文理解 Comprehension

1 根据课文内容回答问题

Answer the questions based on the text

1）李月珊喜欢京剧吗？为什么？
2）李月珊为什么不想去看美国电影？
3）康书林是怎么学会下象棋的，在哪儿学的？
4）为什么说中国人的业余生活丰富多彩？
5）中国的青少年业余时间做什么？
6）现代中国人的娱乐方式有哪些？
7）为什么很多人没有娱乐的时间？

2 判断对错 True or False

1）康书林从来不喝酒。　　　　　　　　　　　　（　）
2）李月珊同意跟康书林去看新进的美国大片。　　（　）
3）马路上很多人围在一起下棋让李月珊很好奇。　（　）
4）最后他们决定去唱卡拉OK。　　　　　　　　（　）
5）在业余时间，青少年一般很喜欢养鱼养虫或者打牌下棋。（　）
6）如果想欣赏高雅的艺术，中国人会选择去听音乐会或者看话剧。　　　　　　　　　　　　　　　　　　　　（　）

词汇和句型练习 Vocabulary and Structure

1 选词填空 Choose the proper words to fill in the blanks

　　　自从　气氛　偶尔　围　绝对　发现　摆

1）_____签了语言誓约以后，我跟老师只说中文。
2）他基本上吃素，可是_____也吃一点儿肉。
3）桌子上_____着一个生日蛋糕，大家_____在一起给他唱生日歌。
4）抽烟（smoke）对身体健康_____没有好处。
5）我_____听录音对我的中文有很大的帮助。
6）爸爸妈妈吵架以后，家里的_____很紧张。

　　　业余　节奏　魅力　前途　奋斗　欣赏　高雅

1）年轻人自己_____是很重要的，不能总是靠（rely on）父母。
2）纽约的_____表现在文化的多样性。
3）刚到纽约上大学的时候，我还不能适应纽约快_____的生活，现在我慢慢习惯了。
4）第一份工作收入多少不要紧，关键是要有_____。
5）虽说我并不喜欢唱歌，可是在中国的时候，我常常利用_____时间和朋友一起去卡拉OK厅，这也算是入乡随俗吧。

6）有人说_____艺术离普通人越来越远，可是我觉得其实它一直影响着我们的生活。

7）_____这个画家的画，常常能让我忘记所有不高兴的事。

2 模仿造句 Construct sentences following the examples

1）自从上次在小摊儿挨宰，我就不去小摊儿买东西了。
（自从……）

2）来中国七个星期了，我基本上适应了中国人的生活。
（基本上）

3）谁不喜欢新买的衣服？
（新+V）

4）在美国，绝对有必要给上档次的车买保险。
（绝对）

5）我对中国的杂技很好奇。
（对……很好奇）

6）旅游的时候我也一直说中文。
（一直）

7）今天早上我起床起得很晚，结果差点儿迟到。
（差点儿）

8）因为签了语言誓约，所以在任何情况我都不应该说英文。
（任何……都……）

3 改写句子 Paraphrase

1）改革开放政策让普通人的生活越来越好。
   （使……变……）

2）不管是中国人还是美国人，我们都得面对环境污染带来的各种问题。
   （A也好，B也好……都/也）

3）业余时间我不是在宿舍休息就是和朋友一起出去玩儿。
   （要么……要么……）

4）政府实行什么制度并不重要，重要的是能让人们的生活水平快速提高。
   （……不要紧，关键是……）

4 用所给的词语完成句子
Complete the sentences using the given words

1）虽然这位老师是_____（新+V），但是我觉得他教得不错。
2）我基本上不喝酒，_____（偶尔）。
3）这部美国大片_____（可……了）。
4）刚到国外，_____（对……好奇）。

5 用所给的词语和句型完成对话
Complete the dialogues using the given words or patterns

1）A：你好像不怎么喜欢吃快餐。
   B：_____（基本上）。

2）A：听说我们今天要去的那家饭馆菜可好吃了。
   B：_____（……不要紧……才是关键）。

3）A：下班以后，你喜欢坐在家里看书，还是喜欢跟朋友聚一聚？
   B：_____（……也好，……也好，都）。

4）A：你真的那么喜欢京剧？
　　B：_____（自从……以后，……）。

6　翻译 Translation

1) Most of the newly opened restaurants near campus have no specialty.

2) He is not really interested in playing chess. He doesn't play seriously.

3) I've noticed that a lot of insurance companies have sales representatives out on the sidewalk to promote their products.

4) After dinner, a lot of guys got together to hang out under the street lamp.

5) Almost every week, she gets together with her old friends and they have a great time singing karaoke.

6) He loves outdoor activities, so in his spare time, he goes fishing or boating.

第十二课　娱乐生活

表达练习 Speaking

1　对话练习 Complete the dialogues

1) 群众娱乐

A：这几天有什么好玩的事情吗？
B：＿＿＿＿＿＿＿＿＿＿＿＿＿＿＿＿＿＿＿＿＿＿。（发现）
A：真的吗？他们在什么地方下象棋？
B：＿＿＿＿＿＿＿＿＿＿＿＿＿＿＿＿＿＿＿＿＿＿。（把……摆在，围）
A：下棋的人多吗？
B：＿＿＿＿＿＿＿＿＿＿＿＿＿＿＿＿＿＿＿＿＿＿。（可……了，堆）
A：下一次，你也带我去看看。＿＿＿＿＿＿＿＿＿。（对……好奇）
B：没问题，＿＿＿＿＿＿＿＿＿＿＿＿＿＿＿＿＿。（绝对）

2) 美国年轻人的娱乐生活

A：美国年轻人业余时间一般做什么？
B：＿＿＿＿＿＿＿＿＿＿＿＿＿＿＿＿。（要么……要么……）
A：你最喜欢的娱乐方式是什么？
B：＿＿＿＿＿＿。＿＿＿＿＿＿＿＿＿＿＿。（使……变……）
A：如果学习和娱乐发生了冲突，你会怎么做？
B：＿＿＿＿＿＿。＿＿＿＿＿＿。（任何……都……；为……奋斗）
A：在北京的时候，周末你喜欢做什么？
B：＿＿＿＿＿＿＿＿＿＿＿＿＿＿＿＿＿＿＿＿＿＿＿＿＿。
A：你喜欢在北京的生活吗？
B：＿＿＿＿＿＿。＿＿＿＿＿＿。（享受；一边……一边……；感受；一举两得）

2　成段表达 Mini talk

给你的朋友介绍一下美国年轻人的娱乐生活。
（正像……一样，由于，一般来说，要么……，要么……，……不要紧，关键是……，任何……都……）

阅读理解 Reading Comprehension

爱好

你知道北京人有一种**爱好**吗？喜欢玩虫儿！

什么虫儿呢？

夏天，很多人喜欢用小**泥罐养蛐蛐儿**，傍晚**乘凉**的时候带上它，去和别的蛐蛐儿**厮杀**，蛐蛐儿的**战争**常常很**残酷**，不是你死就是我活。人**观**虫战，**乐在其中**。

到了窗外**雪花**儿飘飘的**时节**，蛐蛐儿找不到了，有的人开始养**蝈蝈儿**，虽然没有观看蛐蛐儿大战那么刺激，可是能在**枯燥**的冬季听到几声蝈蝈儿叫，也是很**惬意**的。人们在**悦耳**的蝈蝈声中，感受到了大自然的美好。

听说一些花鸟鱼虫的大市场很**火**，您别看虫市上买"虫儿"的人不少，但真正会玩儿的现在北京城可就不多了。而玩儿出**名堂**的行家更少。因为这里的学问大着呢。

小小虫儿**竟**给北京人带来这么多乐趣，这也许**恰恰**是北京文化的一种魅力。

补充词汇 Vocabulary

爱好	àihào	N.	hobby
泥罐	níguàn	N.	clay jar
养	yǎng	V.	to raise, to feed
蛐蛐儿	qūqur	N.	cricket
乘凉	chéng liáng	V-O.	to enjoy the cool (usually in a tree shade)
厮杀	sīshā	V.	to battle, bloody fight
战争	zhànzhēng	N.	war
残酷	cánkù	Adj.	cruel
观	guān	V.	to watch
乐在其中	lè zài qízhōng	IE	enjoy whatever you do

雪花	xuěhuā	N.	snowflake
飘	piāo	V.	to float, to flow, to drift
时节	shíjié	N.	time
蝈蝈儿	guōguor	N.	grasshopper
枯燥	kūzào	Adj.	boring
惬意	qièyì	Adj.	pleasant, cozy, comfortable
悦耳	yuèěr	Adj.	pleasant to hear, euphonious
火	huǒ	Adj.	popular, hot
名堂	míngtang	N.	trick
竟	jìng	Adv.	unexpectedly
恰恰	qiàqià	Adv.	exactly, just, precisely

社会调查 Social Survey

题目：不同时代的娱乐

请你采访（interview）你的父母，问问他们，他们年轻的时候有哪些娱乐活动。比一比父母那个时代的娱乐方式跟现在有什么不同，总结一下，给同学们做个报告。

第十三课

礼品与礼节

(一) 对话

买纪念品

李月珊：我的这件旗袍怎么样？这是我专门定做的。

康书林：不错。你是怎么想到要定做旗袍的呢？

李月珊：我在美国学中国历史的时候，看到照片上穿旗袍的中国女人，觉得特别漂亮，心里想什么时候我也能穿上这样的旗袍就好了。一到北京，我就请我的中国妈妈帮我定做了这件旗袍。我建议你也去定做几件唐装带回美国去。

康书林：你是不是开始准备回家的礼物了？是不是已经去了好几趟红桥市场、秀水街了？

李月珊：没错，我还去了好几个购物中心呢。我想买些纪念品

第十三课　礼品与礼节

什么的送给我的父母和朋友，所以到很多商店转了转，收获不小。你看这些衣服，款式漂亮又不贵，真是物美价廉。你要不要也买几件回去送人？

康书林：我对衣服不感兴趣。这几天我去了潘家园古玩市场，买了一些工艺品，你看这是汉朝的陶俑，这些是清朝的瓷器，都是文物呢！

李月珊：什么文物呀，都是假的，仿制品。真的早就进博物馆了。

康书林：当然是假的了，真的我哪儿买得起呀？可是即使是假的也有收藏价值啊！我猜你买的这些衣服，有些名牌肯定也是假的。

李月珊：那你就猜错了，我可一件假的也没买。最近中国政府正在打击假冒产品，我就是想买，也很难买得到。就算买到了，又怎么带回国呢？我听说海关现在查得很严，发现假货不但要没收还要罚款。谁愿意冒这个险呢？

康书林：我就是不懂中国有那么多纪念品值得买，为什么有人偏要去买假名牌呢？

李月珊：这可能是一种心理上的满足吧，就跟你买这些陶俑和瓷器一样。

康书林：假冒产品怎么能跟这些精美的工艺品比呢？就拿我这件陶俑来说吧，虽说只有十几块钱，可是摆在家里，是一种文化和艺术的享受。穿假名牌有什么意思呢？衣服只要能穿就行，何必那么在乎牌子呢？

李月珊：可是谁不喜欢便宜的东西呀？你敢说你没买过盗版光盘？

康书林：我是一个穷学生，当然买过。可是盗版的歌曲音质不好，有时候根本放不出来，甚至还让我的电脑死机。所以现在我的想法改变了，买盗版不如买正版。正版贵是贵，但是质量有保证。

李月珊:那你现在有钱买正版的了?
康书林:没钱就少买一些,这就叫"宁缺毋滥"。

(二) 短文

请客送礼名堂多

送礼在哪个国家都不是一件容易的事。在中国这样具有悠久历史和文化传统的国家,送礼尤其复杂。如果送礼送得不合适,不但花钱还会得罪人。要是中国人请你去他家做客,带个礼物当然再好不过了。不过,作为一个外国人,你不必为送什么礼物太伤脑筋。其实送礼最重要的不是礼物的价格,而是精心准备礼物的心意。这种事,说起来容易,做起来难。要让别人觉得你的礼物与众不同,最好从美国带些有自己家乡特色的东西。有时候一顶棒球帽或者几张有纪念意义的明信片,就能让主人非常满意了。这就是中国人常说的"千里送鹅毛,礼轻情义重"。

跟中国人一起吃饭,安排座位也是一件头疼的事。一般来说,年长的、有地位的、受尊重的人坐主座。可是中国人喜欢谦让,谁坐主座,有时候要经过好几次推让才能决定。要是在饭馆儿吃饭,付账单的时候,大家常常抢着付钱,好像不抢一下不够意思,也不够热闹。现在这种习惯有了很大改变,尤其是受西方文化影响的年轻人,都喜欢采用AA制,也就是平分花费,或者各付各的钱。这种做法虽然不符合中国传统的习惯,但确实省了不少事。吃饭时大家也都吃得心安理得,所以在年轻人中比较流行。

不同的国家、地方有不同的文化历史、风土人情,礼节自然也不一样,没有什么好坏的区别,只是习惯的问题。不管在什么地方,入乡随俗,尊重当地的礼节,都会让你的生活更顺利。

词汇

(一)

礼品	禮品	lǐpǐn	N.	gift, present
纪念品	紀念品	jìniànpǐn	N.	souvenir
旗袍	旗袍	qípáo	N.	chi-pao, women's cheongsam
定做	定做	dìngzuò	V.	to custom-made
照片	照片	zhàopiàn	N.	photograph, picture
唐装	唐裝	tángzhuāng	N	traditional Chinese clothing
礼物	禮物	lǐwù	N.	gift, contribution, present
红桥	紅橋	Hóngqiáo	PN.	name of a market
秀水	秀水	Xiùshuǐ	PN.	name of a market
购物中心	購物中心	gòuwù zhōngxīn	NP.	shopping center or mall
收获	收穫	shōuhuò	N.	harvest, gains
款式	款式	kuǎnshì	N.	style, design (of clothing)
物美价廉	物美價廉	wùměijiàlián	IE	with good quality and low price
潘家园	潘家園	Pānjiāyuán	PN.	name of a antique market
古玩	古玩	gǔwán	N.	antique, curio
工艺品	工藝品	gōngyìpǐn	N.	art work, handicraft
汉朝	漢朝	Hàncháo	PN.	Han Dynasty
陶俑	陶俑	táoyǒng	N.	pottery figurine
清朝	清朝	Qīngcháo	PN.	Qing Dynasty
瓷器	瓷器	cíqì	N.	chinaware, porcelain
文物	文物	wénwù	N.	unearthed antique
仿制品	仿製品	fǎngzhìpǐn	N.	reproduction, knock-off
收藏	收藏	shōucáng	V.	to collect and store up
价值	價值	jiàzhí	N.	worth, value
名牌	名牌	míngpái	N.	name brand

猜	猜	cāi	V.	to have a guess
打击	打擊	dǎjī	V.	to strike; to attack, shock
假冒	假冒	jiǎmào	Adj.	fake
产品	產品	chǎnpǐn	N.	product
查	查	chá	V.	to check, to exam, to investigate
货	貨	huò	N.	goods, commodity
没收	沒收	mòshōu	V.	to confiscate, to expropriate
罚款	罰款	fá kuǎn	V-O., N.	to impose a fine or forfeit; fine
冒险	冒險	mào xiǎn	V-O.	to take a risk; to adventure
心理	心理	xīnlǐ	N.	psychology, mentality
精美	精美	jīngměi	Adj.	exquisite, elegant, fine
何必	何必	hébì	Adv.	there is no need
在乎	在乎	zàihu	V.	to care about, to mind
牌子	牌子	páizi	N.	brand, sign, tag, label, plate
盗版	盜版	dàobǎn	Adj.	pirated (edition), pirate version, illegal copy
光盘	光盤	guāngpán	N.	disc
歌曲	歌曲	gēqǔ	N.	song
音质	音質	yīnzhì	N.	sound quality
死机	死機	sǐ jī	V-O.	(computer, cell phone) to stop functioning
正版	正版	zhèngbǎn	Adj.	legal copy
质量	質量	zhìliàng	N.	quality
保证	保證	bǎozhèng	V., N.	to promise, to assure; guarantee

宁缺毋滥	寧缺毋濫	nìngquē-wúlàn	IE	would rather have less than to have more but with bad quality

（二）

送礼	送禮	sòng lǐ	V-O.	to give sb. a present
具有	具有	jùyǒu	V.	to possess, have
悠久	悠久	yōujiǔ	Adj.	long-standing, long in time
复杂	複雜	fùzá	Adj.	complicated, complex
合适	合適	héshì	Adj.	appropriate, proper, suitable
作为	作為	zuòwéi	Prep.	as
不必	不必	búbì	Adv.	need not, not have to
伤脑筋	傷腦筋	shāng nǎojīn	V-O.	stressed
精心	精心	jīngxīn	Adj.	meticulously, elaborately
心意	心意	xīnyì	N.	regard, kindly feelings
与众不同	與眾不同	yǔ zhòng bùtóng	IE	be out of the ordinary；be different from others
家乡	家鄉	jiāxiāng	N.	hometown
特色	特色	tèsè	N.	distinguishing feature or quality
顶	頂	dǐng	MW.	measure for hats
棒球帽	棒球帽	bàngqiúmào	N.	baseball cap
纪念	紀念	jìniàn	V., N.	to commemorate
明信片	明信片	míngxìnpiàn	N.	postcard, lettercard
主人	主人	zhǔrén	N.	host, owner, master
满意	滿意	mǎnyì	V.	satisfied, pleased, to one's satisfaction
千里送鹅毛 礼轻情义重	千里送鵝毛 禮輕情意重	Qiānlǐ sòng émáo lǐqīng qíngyì zhòng	IE	The friendship cannot be measured by the value of the gift
安排	安排	ānpái	V., N.	to arrange; arrangement
座位	座位	zuòwèi	N.	seating, seat

年长	年長	niánzhǎng	Adj.	senior
受	受	shòu	V.	to receive, to accept; to suffer
尊重	尊重	zūnzhòng	V.	to respect; esteem
主座	主座	zhǔzuò	N.	master seat
谦让	謙讓	qiānràng	V.	to modestly decline
经过	經過	jīngguò	V.	to pass, to go through, to undergo
推让	推讓	tuīràng	V.	to decline (a position, favour, etc. out of modesty)
账单	賬單	zhàngdān	N.	bill
抢	搶	qiǎng	V.	to rob, to grab, to snatch
够意思	夠意思	gòu yìsi	VP.	really sth., really kind
采用	採用	cǎiyòng	V.	to adopt, to employ, to use
AA制	AA制	AAzhì	N.	splitting the bill, going Dutch
平分	平分	píngfēn	V.	to share the bill equally
花费	花費	huāfèi	N.	expenditure, expense
符合	符合	fúhé	V.	to be in accord with, to fit in with
确实	確實	quèshí	Adv.	indeed, truly
心安理得	心安理得	xīn ān lǐ dé	IE	feel at ease and justified, have an easy conscience
流行	流行	liúxíng	Adj.	prevalent, popular, in vogue
礼节	禮節	lǐjié	N.	courtesy, etiquette
当地	當地	dāngdì	N.	local

语法结构

1. ……就好了 (If only...).

This structure is a hypothesis, expressing a wish or hope. It is often used together with "要是" or "如果".

该句型是一种假设，表达说话者的愿望。常常和"要是"或"如果"并用。

(1) 大家都明白这个道理就好了。

　　That would be great, if only everyone understood this rationale.

(2) 要是在美国也能吃上地道的中国饭就好了。

　　That would be great, if only we could have authentic Chinese food in America.

请用"……就好了"回答问题：

1) 我今天早晨没吃饭，真饿呀，_____。

2) A：这件衣服真好看！就是太贵了。

　　B：对呀，_____。

3) A：今天堵车堵得真厉害，我们看电影可能要来不及了！

　　B：_____。

2. 什么……呀 (What kind of ...is that !)

When one adds "什么" to the quotation of others, one expresses a strong disagreement or disapproval, and a further explanation will usually follow. "呀" is a particle that emphasize the tone, which can be dropped.

如果引用别人的说法，并在前面加上一个"什么"，说话者表达的是一种强烈的反对甚至鄙夷，一般后面会跟一个小句，加以解释。"呀"是句尾的语气助词，表强调，可以省略。

(1) 什么电影明星呀，我从来没有看过他的电影。

　　What kind of movie star is that! I have never watched his movies.

(2) 这是什么啤酒啊，一点酒味都没有。

　　What kind of beer is that! It is almost tasteless.

请用"什么……呀"问答问题：
1）A：你的鞋真好看，一定是名牌吧。
   B：_____。
2）A：我听说肯德基是地道的美国菜。
   B：_____。

3. 就是……也 （See L. 6, grammar 4）

The meaning and usage of this grammar structure is similar to "即使……也". Please see L. 6 Grammar item 4.

该句型的意义用法和"即使……也"基本一致。参见第六课语法结构第四项。

请用"就是……也……"问答问题：
1）我不想跟他一起吃饭，_____。
2）我一定要去看这个电影，_____。

4. 拿……来说 (take...for example)

This structure is used to highlight a case in order to explain one's point.
该句型用来介绍一个有典型意义的例子。

Eg.

（1）一般来说，大城市都有环境问题。拿北京来说，空气污染非常严重。

Generally speaking, big cities have environmental problems. Take Beijing for example, it has severe air pollution.

（2）中国的饮食文化丰富多彩。拿做鱼来说，有清蒸、红烧等各种做法。

China has a rich culinary culture. Take fish for example, it can be steamed, fried, or used to make broth, etc.

请用"拿……来说"问答问题：
1）A：中国的名胜古迹多吗？

B：_____。

2）一般来说，大城市的生活压力更大一些，_____。

5. 何必……呢？(why do you need to...)

This structure is used to form a rhetorical question, in order to emphasize that it is pointless to do something. "何必" appears right after the subject.

该句型是一个反问句，强调不必要做某件事情。"何必"出现在主语后。

Eg.

（1）这种病，吃药就可以治好，你何必打针呢？
   Taking pills alone can cure your illness, why do you need injections?

（2）既然你认为在美国也可以学好中文，何必来中国上暑期班呢？
   If you think you can learn Chinese well in the U.S., why bother coming to the summer program in China?

请用"何必……呢？"问答问题：

1）A：我想吃中国饭，我们去中国城吧。
   B：_____？

2）选什么课是你自己的事情，_____？

6. 具有+abstract NP (possess the quality of ...)

"具有"means"有", however, it cannot be used with tangible materials but abstract qualities.

"具有"的意思是"有"，但后面所接的名词性成分一定是表示抽象意义的。

Eg.

（1）这个公司的人都具有大学文化水平。
   All employees of this company have college-level education.

（2）这个城市的交通具有人多、路窄、无序的特点。
   The transportation of this city has following characteristics: it is over

populated, the roads are narrow, and the traffic lacks order.

请用"具有……"完成句子：
1）我非常喜欢_____，因为_____。

7. 再+SV+不过了 (nothing is more...than)

This structure means "nothing is more... than", expressing an extreme degree.

"再+形+不过了"，意思是"没有比……更……的了"，表示极端的程度。

Eg.

（1）这种服装在学校再受欢迎不过了。
Nothing is more popular than this kind of clothing at school.

（2）从飞机上往下跳，真是再惊险不过了。
Nothing is more dangerous and thrilling than sky diving.

8. 经过 (after going through the process of)

This is a preposition used to introduce the process before the action is accomplished.

"经过"作介词，用来说明动作最终完成时所经历的过程及时间。

Eg.

（1）经过八个星期的学习，我现在能够大概听懂出租车司机说什么了。
After eight weeks of study, now I can almost understand what the cab drivers say.

（2）小李经过五年的努力才学好英文。
It took Xiao Li five hard working years to learn English well.

请用"经过"完成句子：
1）_____，我们总算商量出了一个好法子。

2）这篇课文我有很多不明白的地方，_____，我总算明白了。

3）我和朋友想在中国旅行，_____，我们决定去云南旅行。

练 习

课文理解 Comprehension

根据课文内容回答问题

Answer the questions based on the text

1）李月珊为什么要定做旗袍？
2）李月珊为什么去了几趟虹桥市场和秀水街？
3）康书林对什么感兴趣？
4）送礼物最重要的是什么？
5）中国人吃饭的时候怎么排座位？
6）什么是AA制？

词汇和句型练习 Vocabulary and Structure

1 选词填空 Choose the proper words to fill in the blanks

没收　冒险　精心　保证　打击　收藏　心理

1）我每次去看小张都会给她买两瓶好酒，因为她特别喜欢_____酒。

2）我哥哥很喜欢_____，他总是玩儿一些我觉得很危险的运动。

3）海关最近查得很严，发现了盗版光盘就_____。

4）既然你不能_____买到明天的飞机票，我们还不如坐火车走。

5）现代人工作压力大，容易出现_____问题。

6）这件礼物是他为我_____准备的，我不能不接受。

7）我觉得，政府应该_____盗版，要不然正版的产品就没有市场了。

> 值得　合适　伤脑筋　与众不同　具有　心安理得　质量

1）这个工艺品_____美国特色，买来送给外国朋友一定很不错。

2）这件事情没有你想的那么复杂，不必太_____。

3）A：你买这么多高级的衣服，不怕挨父母的说吗？
　　B：不怕。我用自己的工资买的，_____。

4）要想学好中文，你得选择_____的法子。

5）去年生日的时候，我收到了一个_____的礼物，是朋友自己做的音乐CD。

6）买衣服我最在乎_____，牌子不重要。

7）我觉得去中国留学是一次很有意义的经历，花多少钱都_____。

2 选择合适的成语替换下列句子中画线部分的内容

Choose a proper expression to replace the underlined parts

> A.心安理得　B.入乡随俗　C.宁缺毋滥　D.物美价廉
> E.一举两得　F.兴高采烈　G.人山人海　H.与众不同

1）我买衣服的时候，就是少买一点，也不要买太多质量不好的。
_____

2）这件衣服虽然不是名牌，但是质量很好，价钱也不贵。
_____

3）只要我做得对，我就不紧张，也不会不好意思。_____

4）他的想法总是跟大家不一样。_____

5）大家玩儿得这么高兴，你可不能走。_____

6）看中文电影既是一种很好的娱乐，又可以练习中文，好处很多。_____

7）春节的时候，火车站里<u>人多极了</u>。_____

8）到了一个新的地方，你得<u>适应那里的文化和生活习惯</u>。
_____

3 模仿造句 Construct sentences following the examples

1）饺子好吃吗？这是我妈妈专门给你包的。
（专门+V）

2）我对看足球没有兴趣，就是有免费的票我也不会去。
（就是……也……）

3）中国菜讲究色、香、味，也就是说，看起来好看，闻起来香，吃起来好吃。
（V.起来 adj.）

4）邮局职员的态度特别不好，让我很不满意。
（让……满意/不满意）

5）在家里，我和家人一般各做各的事情，因为我们各有各的爱好，各有各的空间。
（各V各的N）

4 改写句子 Paraphrase

1）姚明打篮球打得比我好多了。
（A怎么能跟B比呢？）

2）我的朋友给我提建议，让我找个中国朋友学汉语。
（A建议B do sth.）

3）在海边，听着音乐晒太阳是最舒服的事情了。
（再……不过了）

4）我很喜欢看杂技，可是明天我很忙，所以不能跟你一起去。
（不是……而是……）

5）中国的老年人特别喜欢打太极拳。
（在……中很流行）

5 用所给的词语完成句子
Complete the sentences using the given words

1）_____ _____（作为），我们当然关心（care about）中国的经济发展。

2）这些工艺品太贵了，_____（V得/不起）。

3）去饭馆吃饭，_____ _____ _____（在乎）。

4）过去的中国家庭_____（不如）。

5）去了一趟中国，_____（收获）。

6）每个人生活的环境不同，_____（自然 as an adv）。

7）中国人的业余生活丰富多彩，_____（拿……来说，……）。

6 翻译 Translation

1) Ever since I went to that museum last year, I've been interested in Chinese antiques.

2) Although this porcelain vase (花瓶) is a reproduction, it is still worth buying for your collection.

3) What kind of art exhibition is that! It's the worst one I've ever seen.

4) It only takes 5 minutes walk to get there; why do you have to take a taxi?

5) Many countries around the world have population-related problems. Take China for example, population has been one of the major concerns of the government.

6) If you want to give your friend an MP3, it's a good value for the price.

7) I don't mean to say that it's a terrible thing to surf the Net; my point is just that we shouldn't overdo it.

8) After six weeks of studying in China, he can now talk to cab drivers without any problem.

表达练习 Speaking

1 对话练习 Complete the dialogues

（留学生David的女朋友是中国人，他下个星期要去女朋友家吃饭，正在为送礼物的事情伤脑筋）

李月珊：你怎么看起来这么没精神？有什么事儿吗？

David： 我明天要去女朋友家吃饭，不知道给她父母送什么礼物比好。_____。（复杂 合适 得罪 伤脑筋）

李月珊：_____。
（不是……，而是…… 让……满意 与众不同 在……中很流行 再……不过了）

David： 而且跟他们吃饭也很麻烦，_____。
（安排 谦让 抢着……）

还是美国人的法子容易，_____。
（各V各的N 心安理得）

李月珊：＿＿＿＿＿＿＿＿＿＿＿＿＿＿＿＿＿＿＿＿＿。

（风土人情　习惯　入乡随俗）

2 讨论 Discussion

你的国家的礼节跟中国一样吗？有什么不同？

阅读理解 Reading Comprehension

假冒产品

以前根本不知道还有假冒产品这样的**概念**，到了中国，在大街小巷的商店里，也可以看到"世界名牌"的衣服和鞋，但价钱便宜极了，尤其是**换（算）成**美元，一两美元就可以买一件**T恤衫**，五（或其他数字）美元就可以买一双**耐克**鞋，一**打听**，原来是假冒名牌。但是看看周围，买的人很**坦然**，卖的人更坦然。

几个星期后，**度过**了心理**适应期**，我也开始给自己选择这些"名牌"衣服了，一穿，还真不错，因为很便宜，多买几件换着穿，也挺好。

还有那些盗版光盘，有的影片电影院还没演，光盘已经出来了。虽然有的质量不太好，可是便宜对我们来说是最大的**吸引力**。如果你喜欢去感受电影院的气氛，那是另外一回事了。但是，大多数人还是喜欢花几块钱**先睹为快**。我们很多同学都买了很多光盘，打算回去送朋友。

补充词汇 Vocabulary

概念	gàiniàn	N.	concept
换（算）成	huàn(suàn)chéng	V.	exchange
T恤衫	tìxùshān	N.	T-shirt
耐克	nàikè	N.	Nike
打听	dǎtīng	V.	to inquire
坦然	tǎnrán	Adj.	calm, with no regrets or uneasiness
度过	dùguò	V.	to spend (some time)
适应期	shìyìngqī	N.	period for adjustment

第十三课 礼品与礼节

| 吸引力 | xīyǐnlì | N. | attraction |
| 先睹为快 | xiān dǔ wéi kuài | IE | It is a pleasure to be the first to read or see something. |

社会调查和讨论 Survey and Discussion

采访三个朋友，看看他们对假冒产品有什么看法。讨论一下，打击假冒产品对政府、公司和普通人有什么好处和坏处？

小活动 Activity

Role play
A：小摊儿师傅——向游客推销纪念品（仿制品/假货）
B：游客——想买假货
C：游客——不同意买假货

第十四课

工作机会

（一）对话

李月珊：在中国待的时间越长，我就越想好好研究一下中国，这个国家太有意思了。

康书林：我也这么想。可是要想做研究，可不那么简单，语言是个很大的障碍，光是汉字就让人头疼。

李月珊：看多了就习惯了。

康书林：你花了这么多时间学中文，以后想学什么专业呢？

李月珊：除了中文以外，我还想学国际关系。

康书林： 国际关系？不太好找工作吧？就算你找到工作，工资也不会太高。我劝你还是学国际贸易吧。

李月珊： 我不太喜欢跟钱打交道。在兴趣和金钱的问题上，你可能更重视金钱。可是在我看来，兴趣比金钱更重要。

康书林： 你是一个理想主义者，总是把兴趣放在第一位；可是我比较现实，对我来说，能赚钱才是最重要的，所以我正在考虑选择金融或者工商管理作为我的专业。

李月珊： 你希望将来在哪儿工作呢？

康书林： 中国有这么多跨国银行和合资企业，也许将来我可以到中国来工作。

李月珊： 到中国工作？你能适应吗？前几天你不是还想吃奶酪、牛排，去麦当劳吃汉堡包吗？

康书林： 至少我有来中国工作的想法。不像你，说是研究中国问题，其实就是想坐在美国政府的办公室，看看报纸，听听新闻，做你所谓的国际关系研究。

李月珊： 你怎么知道我不打算来中国呢？告诉你个秘密，我已经申请了北京项目的长期班。当你飞回美国的时候，我可能正在中国继续学习呢。

康书林： 真的？那你准备什么时候回美国呢？

李月珊： 我打算先在北京待一年，在学中文的同时，到几个研究所、大学去旁听国际关系的课；利用假期到中国的农村和偏远地区做些社会调查。

康书林： 你研究国际关系，到农村去干什么？

李月珊： 农村人口几乎占中国总人口的百分之八十。不了解中国的农村，怎么能了解中国的社会呢？

康书林： 佩服，佩服！你对自己的将来计划得这么清楚，梦想一定会实现。等我将来有钱了，一定资助你的研究。

李月珊： 算了吧。等你毕业最少得三年。毕业以后，就算你很顺利地找到工作，工作的头几年你也得还学生贷款。等你有钱的时候，恐怕我早就博士毕业了。

(二) 短文

到中国去！

最近报纸上有一条新闻说，一个学中文和新闻学的美国大学生刚毕业就在中国最大的新闻机构找到了工作。月薪很高，而且单位还给她提供一套高级公寓。这样的待遇在改革开放以前的中国是连想都不敢想的。

据香港《亚洲时报》报道，随着中国经济的发展，越来越多的外国人在中国居住、工作。这些现代的"马可·波罗"们来自世界各地，他们对在中国的工作经历普遍比较满意，评价也很高。

是什么吸引他们来中国的呢？

巨大的中国市场吸引了大量的外国公司在中国投资。以超市为例，美国的"沃尔玛"、法国的"家乐福"已经进入了北京、上海、广州等大城市。现在，西方的各类名牌产品在中国都不难买到；路上随时可以看到进口的高档汽车；新型的手机也总是最先出现在中国市场。

廉价的劳动力是很多外商纷纷在中国办工厂的原因。随便在国外的商场、超市走走，你就会看到，无论是高档、中档，还是低档的产品，很多都是在中国制造然后再运到国外去的。难怪有人说，中国现在已经变成了全世界的制造中心。

随着中国的开放，中国人的观念也不可避免地受到了西方文化的影响，特别是年轻人。美国一家杂志社驻上海的一位编辑对现代中国人开放的态度感到惊讶。他说："他们比我们想的开放得多，面对陌生人，他们可以自由地表达自己的看法。"

第十四课　工作机会

尽管中国在发展中还存在环境污染、贫富差距扩大等问题，但开放的中国会为世界提供大量的机会。到中国去，去发现你的机会，去经历一个变化中的中国！

词汇

(一)

简体	繁体	拼音	词性	英文
选	選	xuǎn	V.	to select, to choose, to pick; to elect
专业	專業	zhuānyè	N.	major, profession
研究	研究	yánjiū	V., N.	to study, to research, to look into
障碍	障礙	zhàng'ài	N.	obstacle, obstruction, barrier
国际	國際	guójì	Adj.	international
贸易	貿易	màoyì	N.	trade
打交道	打交道	dǎ jiāodao	V-O.	to deal with
金钱	金錢	jīnqián	N.	money
理想主义者	理想主義者	lǐxiǎngzhǔyìzhě	NP.	idealist
第一位	第一位	dì yī wèi		the first place
现实	現實	xiànshí	N., Adj.	reality; practical, real, actual
赚钱	賺錢	zhuàn qián	V-O.	to make money, to make a profit
考虑	考慮	kǎolǜ	V.	to ponder on
金融	金融	jīnróng	N.	banking, finance
工商	工商	gōngshāng	N.	industry and commerce
管理	管理	guǎnlǐ	V.	to supervise
跨国	跨國	kuàguó	Adj.	international, cross country
合资企业	合資企業	hézī qǐyè	NP.	joint venture
奶酪	奶酪	nǎilào	N.	cheese

牛排	牛排	niúpái	N.	beefsteak, steak
汉堡包	漢堡包	hànbǎobāo	N.	hamburger
至少	至少	zhìshǎo	Adv.	at least
办公室	辦公室	bàngōngshì	N.	office
所谓	所謂	suǒwèi	Adj.	so-called
秘密	秘密	mìmì	N.	secret
申请	申請	shēnqǐng	V.,N.	to apply for
项目	項目	xiàngmù	N.	program; sports event
长期	長期	chángqī	N.,Adj.	long-term, long time
继续	繼續	jìxù	V.	to continue, to go on with
打算	打算	dǎsuan	V.,N.	to plan, to intend, to calculate
研究所	研究所	yánjiūsuǒ	N.	research institute
旁听	旁聽	pángtīng	V.	to audit (a class)
占	佔	zhàn	V.	to occupy, to hold a certain percentage
总	總	zǒng	Adj.	total
佩服	佩服	pèifu	V.	to admire
计划	計劃	jìhuà	N.,V.	plan; to make a plan
梦想	夢想	mèngxiǎng	N.	dream
实现	實現	shíxiàn	V.	to realize; to come true
资助	資助	zīzhù	V.	to subsidize, to financial aid
毕业	畢業	bì yè	V-O.	to graduate
头	頭	tóu	Adj.	the first...
贷款	貸款	dài kuǎn	V-O., N.	to grant a loan, loan
博士	博士	bóshì	N.	Doctor's degree

(二)

| 最近 | 最近 | zuìjìn | N. | recently, lately |
| 报纸 | 報紙 | bàozhǐ | N. | newspaper |

条	條	tiáo	N., MW.	piece (of news)
新闻学	新聞學	xīnwénxué	N.	journalism
机构	機構	jīgòu	N.	mechanism, organization
月薪	月薪	yuèxīn	N.	monthly salary
套	套	tào	N., MW.	set
公寓	公寓	gōngyù	N.	apartment
待遇	待遇	dàiyù	N.	treatment
香港	香港	Xiānggǎng	PN.	HongKong
亚洲	亞洲	Yàzhōu	PN.	Asia, Asian
时报	時報	shíbào	N.	Times (in newspaper titles)
报道	報道	bàodào	V., N.	to report (news), to cover (news)
居住	居住	jūzhù	V.	to live, to reside, to dwell
马可·波罗	馬可·波羅	Mǎkě Bōluó	PN.	Marco Polo (the famous traveler)
来自	來自	láizì	V.	to originate from, to come from
评价	評價	píngjià	V., N.	to appraise, to assess; evaluation
巨大	巨大	jùdà	Adj.	tremendous, enormous
吸引	吸引	xīyǐn	V.	to attract; to draw near
大量	大量	dàliàng	Adj.	a large amount of
投资	投資	tóu zī	V-O., N.	to invest; investment
沃尔玛	沃爾瑪	Wò'ěrmǎ	PN.	Wal-Mart
家乐福	家樂福	Jiālèfú	PN.	Carrefour
类	類	lèi	M.W.	category
新型	新型	xīnxíng	Adj.	new model; new type
最先	最先	zuìxiān	Adv.	the very first
廉价	廉價	liánjià	Adj.	cheap, low-priced
劳动力	勞動力	láodònglì	N.	labor, labor force
外商	外商	wàishāng	N.	foreign businessman

办工厂	辦工廠	bàn gōngchǎng	V-O.	to establish a factory
中档	中檔	zhōngdàng	Adj.	of medium grade, quality
低档	低檔	dīdàng	Adj.	of low grade or low price
制造	製造	zhìzào	V.	to make, to manufacture
运	運	yùn	V.	to transport (goods)
变成	變成	biànchéng	V.	to become, to turn into
不可避免	不可避免	bù kě bìmiǎn		unavoidable; unavoidably
杂志	雜誌	zázhì	N.	magazine, journal, periodical
杂志社	雜誌社	zázhìshè	N.	newspaper office
驻	駐	zhù	V.	to (of troops or personnel) be stationed, to stay
记者	記者	jìzhě	N.	journalist
开放	開放	kāifàng	Adj.	open, open-minded
惊讶	驚訝	jīngyà	Adj.	surprised, astonished
面对	面對	miànduì	V.	to face
陌生人	陌生人	mòshēngrén	N.	stranger
自由	自由	zìyóu	Adj., N.	free; freedom
表达	表達	biǎodá	V.	to express (one's ideas or feelings), to convey
存在	存在	cúnzài	V.	to exist
贫富差距	貧富差距	pínfù chājù	NP.	disparity between the rich and the poor

语法结构

1. 光 (solely, only)

Other than modifying verbs, this adverb can also modify nouns. It is often used together with "就"。

该副词可以用来修饰动词，也可以用来修饰名词。常与"就"连用。

Eg.

(1) 选专业光有兴趣不行。

　　You cannot decide your major solely by interest.

(2) 我们学校学中文的人很多,光一年级中文班就有一百多个学生。

　　There are many people learning Chinese in our school. Only first-year Chinese classes have more than one hundred students.

请用"光……就……"回答问题:

1) A:听说住在纽约很贵?

　　B:是啊,_____。

2) 这次去中国,他买了很多纪念品,_____。

请用"光……不行,……"回答问题:

1) A:我每天都做功课,为什么中文还是说得不流利?

　　B:_____。

2. 在我看来 (in my opinion)

This is used to introduce one's own opinion.

该结构用来引导说话者的意见。

Eg.

(1) 在我看来,了解中国社会最好的法子是坐火车旅游。

　　From my point of view, the best way to get familiar with Chinese society is to travel by train.

(2) 在我看来,独生子女政策是解决人口问题的唯一途径。

　　In my opinion, the single child policy is the only way to solve the population problems of China.

请用"在我看来"回答问题：

1）A：价格贵的东西一定质量好吗？
　　B：_____。

2）A：你中文说得这么好，一定有什么好法子。
　　B：_____。

3）A：你觉得中国的教育方式有什么问题？
　　B：_____。

3. 对……来说 (from somebody's angle)

This is used to indicate that the statement holds true at least for a certain person or a group.

该结构用来说明情况只适用于某些人或某些团体。

Eg.

(1) 对我来说，找到一个能用中文的工作机会再好不过了。
To me, nothing is better than getting a job which requires Chinese language.

(2) 用筷子对大多数西方人来说不那么容易。
To most westerners, using chopsticks are not that easy.

(3) 婚姻，对有的人来说，是一个安全的港湾；对有的人来说，却是一种约束。
To some people, marriage is a safe harbor, but to others, it is a confinement.

请用"对sb来说"回答问题：

1）A：你觉得政府应不应该打击假冒产品？
　　B：_____。

2）A：对一个外国人来说，住在中国，最大的困难是什么？
　　B：_____。

4. 占 (account for)

This is a verb used to express fraction or percentage. The common usage is like "A 占 B 的×%". A is one part of B.

该动词用来表示所占的比率或百分比。常见形式为"A 占 B 的×%"，A 是 B 的一部分。

Eg.

(1) 城市人口占中国总人口的百分之二十五。

The urban population accounts for 25 percent of China's total population.

(2) 我们学校的中国留学生占留学生总数的百分之三十。

The Chinese students account for 30 percent of all international students of our school.

请用"A 占 B 的×%"完成句子：

1) 住在纽约，每个月生活费要1000块钱，
_____
_____
_____。

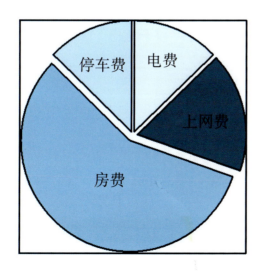

练 习

课文理解 Comprehension

根据课文内容回答问题 Answer the questions based on the text

1) 在康书林看来，要想研究中国，最大的障碍是什么？
2) 李月珊想学什么专业？
3) 康书林为什么说李月珊是一个理想主义者？
4) 李月珊为什么要到中国农村去？
5) 是什么吸引大量的外国人在中国工作？
6) 发展中的中国还存在哪些问题？

词汇和句型练习 Vocabulary and Structure

1 选词填空 Choose the proper words to fill in the blanks

打交道　至少　项目　毕业　继续　障碍　资助　现实

1) 即使是理想主义者，有时候也不得不考虑_____。
2) 语言问题是他找工作的最大_____。
3) 我打算申请参加明年暑假的中文_____。
4) 再过几天我就要_____了，以后我会想念在大学的生活的。
5) 我打算学工商管理，因为我很喜欢跟人_____。
6) 要是你_____整天吃垃圾食品，身体一定会受影响。
7) 要是没有父母的_____，我还清学生贷款_____得五、六年。

待遇　评价　吸引　巨大　存在　惊讶　表达

1) 现代中国人开放的观念让很多外国人感到_____。
2) 改革开放政策对中国社会的发展有_____的影响。

3）在现代社会，人们常常根据一个人的收入、社会地位来_____这个人。

4）听说那家公司的_____不错，不但提供公寓，还有出国学习的机会。

5）政府应该给所有人机会_____他们自己的想法，只有这样才能更好地解决（solve）各种社会问题。

6）中国悠久的历史和丰富多彩的文化深深地_____了我，使我对学中文越来越感兴趣。

7）随着网络时代的到来，电脑行业发展很快，而且还_____很大的发展空间。

2 **模仿造句 Construct sentences following the examples**

1）来自少数民族地区的人，不管是饮食习惯还是穿衣习惯都有自己的特点。
（来自）

2）学习中文的时候，我们不可避免地会受到英文的影响。
（不可避免地）

3）我并不想当画家，我只是把画画作为一个爱好。
（把……作为……）

3 **用所给的词语完成句子**
Complete the sentences using the given words

1）这些天做社会调查，太累了，今天我得_____（好好V）。
2）一个城市要扩建，_____（不可避免）。
3）秋天我不回美国，_____（继续）。
4）大城市_____（吸引）。
5）虽然现在我买不起上档次的衣服，可是_____。（等……了）

4 用所给的词语和句型完成对话
Complete the dialogues using the given words or patterns

1）A：你们不是认识吗？你为什么不怎么跟他说话？
   B：_____（A 跟 B 打交道）。

2）A：你认为金钱重要吗？
   B：_____（在我看来）。

3）A：你为什么要去图书馆打工 (part-time job)？
   B：_____（利用……VP）。

4）A：在美国什么专业最受欢迎？
   B：_____，_____（以……为例……）。

5）A：你们学校留学生多吗？
   B：_____，_____（占）。

6）A：_____（为……提供）？
   B：一套高级公寓，月薪四千美元。

5 翻译 Translation

1) Whether you choose international relations or international business as your major, knowing at least one foreign language is a must.

2) As more and more international companies begin to do business in China, joint ventures are starting to occupy half the market.

3) To most foreign companies, China is a huge market worth investing in.

4) That charismatic celebrity attracts a great number of adoring fans.

5) As an employee, I am very satisfied with the benefits provided by this international company.

6) I was very surprised to find out that the editor-in-chief of this magazine is an old friend of mine whom I hadn't seen for a long time.

7) The emergence of "little emperors" is an almost unavoidable result of the one-child policy.

表达练习 Speaking

1 对话练习 Complete the dialogues

你的大学的杂志想做一个关于中国的special edition，要采访几个跟中国有关系的学生，你会说中文，又去过中国，请你接受一下他们的采访吧。

1）在中国工作：
A：现在的美国年轻人喜欢什么样的工作？
B：_____。（普遍）
A：如果有很好的待遇，你毕业以后愿意来中国工作吗？
B：_____。_____。（吸引）
A：你觉得在中国生活有可能会遇到哪些问题？
B：_____。（作为……；在……中；不可避免）
A：即使存在这样的问题，你也愿意来吗？
B：_____。_____。（存在）

2）我眼中的中国：
A：在中国学习的经历让你满意吗？

B：_____。_____。（对……（不）满意）

A：你觉得北京是一个什么样的城市？你喜欢北京吗？

B：_____。_____。（成为；国际化；来自）

A：如果你的朋友问你关于（about）中国的事情，你会最先想到什么？

B：_____。_____。（最先）

A：如果让你用一句话评价你看到的中国，你会说什么？

B：_____。（评价）

2 讨论 Discussion

1）根据你在中国的经历，向你的朋友介绍你看到的中国。

2）西方文化对中国人的影响表现在哪些方面（aspect）？

阅读理解 Reading Comprehension

中国到底是一个什么样的国家？

随着中国经济的发展，到中国来的外国人越来越多，很多人有了这样的**疑问**。如果你说中国很现代化，那么即使在北京随便转转，你也会发现很多落后的地方。可是如果你说中国很落后，恐怕很多人又会以各种各样的事情为例来说明他们不同意你的看法。这也许可以说明中国的情况有点儿复杂。

不过，中国的情况复杂是复杂，可是还是可以用一句很简单的话来**概括**：中国是一个发展中的国家。有的地方发展得好，就很现代化；有的地方还没怎么发展，就很落后。发展是一个**过程**，任何国家都不可能在一天之内把任何地方都发展得很好，所以中国有这样复杂的情况也并不是一件太让人觉得奇怪的事情。

有些国家的人说中国很神秘，有些国家的人甚至说中国对其他国家有很大的**威胁**。其实这只是因为这些国家的人对中国、中国文化还不够了解。西方文化和东方文化有很大的区别，西方国家和中国的社会制度也完全不同，也许这就是为什么有些西方国家觉得他们很难真正理解中国的原因。

补充词汇 Vocabulary

疑问	yíwèn	N.	doubt
概括	gàikuò	V.	to summarize
过程	guòchéng	N.	process
威胁	wēixié	N.	threat

判断对错 True or false

1）中国是一个很现代化的国家，尤其是首都北京，一点儿落后的地方都没有。
2）中国的情况很简单，你可以用"中国是一个发展中的国家"这样一句简单的话来概括。
3）任何国家的发展都是一个过程，需要时间。
4）中国的文化和社会制度和西方很像。

社会调查 Social Survey

请你采访两个中国朋友和两个美国朋友，问问他们的专业和他们选择那个专业的理由，看看中美大学生的观念有什么不同。

	专业	选择的理由
中国朋友1		
中国朋友2		
美国朋友1		
美国朋友2		

语法索引

第一课

1. 不是 A, 就是 B (If not A, then B) / 6
2. 没想到 (have not expected; unexpectedly) / 7
3. 不但……而且…… (not only... but also) / 7
4. 一 VP1 就 VP2 (as soon as; once...) / 8
5. 想不到 (unexpectedly) / 9
6. 有……(也)有……还有…… (There is... and... and...) / 9
7. 却 (but, yet, however) / 10

第二课

1. 好不容易…… (with great difficulty) / 21
2. 又……又……(又……) (..., and..., and...) / 22
3. 到底 (wh……+on earth, ultimately) / 22
4. 好像……似的 (as if, like) / 23
5. 根本+不/没 (not at all) / 24
6. 不管……都…… (no matter what...) / 24

第三课

1. 连(上)A、B, 加上 C, 一共 D (including...plus...in total) / 35
2. 一下子 (within a split second, at once) / 36
3. 发生 (occur, happen) / 37
4. Adj 倒是 Adj, 可(是)…… (...indeed... however...) / 37
5. Adj 得不得了(extremely...) / 38

第四课

1. V 起来 (start to) / 50
2. 不是……吗? (Isn't it true that...?) / 51
3. V 一下 (do something very briefly) / 52
4. 再说 (furthermore, in addition) / 52
5. 把 A+V 成+B (mistake A for B, change A into B by...) / 53
6. 只要……就…… (as long as) / 54
7. 甚至 (even) / 54

8. 越……越…… (the more..., the more...; more and more) / 55

第五课

1. A 跟 B 相处 (A get along with B) / 68
2. 对……感兴趣 (become interested in) / 69
3. 第一……; 第二……; 第三…… (first, second, third...) / 69
4. 并不/没(有) / 70
5. 再过+Time Duration, ……就…… (another...from now, then...) / 70
6. 由于 (due to, because of) / 71
7. 什么 NP 都 VP (whatever, anything, everything) / 72
8. 结果 (the result is; it turns out) / 72
9. 连……都 (even...) / 73
10. 把……V 在 (place something at some place) / 74

第六课

1. 都……了……(还不)…… (already..., why not....) / 87
2. 既然……, 那(么)/就/ 为什么 (since...then/why...) / 87
3. 即使……也 (even if, ...) / 88
4. 挺……的 / 89
5. 省得 (to save the trouble of..., lest...) / 89
6. 难怪 (no wonder) / 90
7. 由此看来 (from the above we may conclude that...) / 90

第七课

1. 偏要 V (insist on...stubbornly) / 102
2. A 和/跟 B 有关系 (A is related to B) / 103
3. 趟 (measure for trips) / 103
4. 倍 (measure for times) / 103
5. 无论……都…… (no matter..., still...) / 104
6. 既……又…… (both...and...) / 104
7. 尤其是…… (..., especially...) / 105
8. 万一…… (in case that..., ...) / 105

第八课

1. 被……给……V(C) (be + V-en +away) / 117
2. 免得 (in order to avoid) / 118
3. 一点儿 O 都不/没 V (did/have not done something at all) / 119

4. SV 成这样 (as.... as this) / 119

5. A 替 B+VP/SV (A... on behalf of B, A...for the sake of B) / 120

6. 等……了…… (When....is finished, ...) / 120

7. V 着(O) (indicating the continuation of the state of being) / 121

8. 只不过……罢了(merely) / 121

第九课

1. 该……了(it is time to...) / 135

2. 要不这样吧 (How about...) / 136

3. 早知道……还不如 (Had I known earlier..., I should have...) / 137

4. 一般来说 (generally speaking, ...) / 137

5. 为了…… (..., in order to/that...) / 138

6. 随着…… (accompanying/following...) / 138

7. 嫌…… (complain that.... is unsatisfied about the fact that...) / 139

8. 趁机 VP (take advantage of this opportunity to do something) / 140

第十课

1. 跟……有关系 (to have something to do with...; be related to...) / 153

2. 不过 (only, merely; but) / 153

3. V1 着 V1 着(就)V2 起 O 来 (start to...while doing...) / 154

4. VV 看 (to have a try by doing) / 155

5. 要是……就…… (if...then...) / 155

6. 别说……就是……也 (not to mention topic A, even topic B, + Comment) / 156

7. 据……, + clause (based on..., ...) / 157

8. 以……速度 VP (do something at the speed/pace of...) / 158

第十一课

1. V 光(Object) (become emptied, all is gone) / 171

2. 进行 (carry out, is in progress) / 171

3. 想 ……＋wh... 就 ……＋wh... (whatever/wherever/whomever.... you want to..., you can...) / 172

4. 根据…… (On the basis of.../According to...) / 173

5.（为/给……）提供…… (Provide sth for sb) / 174

6. 尽量 (to one's best ability, whenever possible) / 174

7. 多……啊 (how...it is!...) / 175

第十二课

1. 自从……(以后),…… (Ever since...) / 188
2. 基本上 (mostly, in principle) / 189
3. 新+V (newly) / 190
4. A 也好, B 也好……都/也…… (no matter A, or B, ...still) / 190
5. 要么 A 要么 B (either...or...) / 191
6. ……不要紧, 关键是…… (...doesn't matter, ... the key point/most important is to/that...) / 191

第十三课

1. ……就好了 (If only...) / 206
2. 什么……呀 (What kind of ...is that !) / 207
3. 就是……也 (See L. 6, grammar 4) / 208
4. 拿……来说 (take…for example) / 208
5. 何必……呢? (why do you need to...) / 209
6. 具有+abstract NP (possess the quality of ...) / 209
7. 再+SV+不过了 (nothing is more.... than) / 210
8. 经过 (after going through the process of) / 210

第十四课

1. 光 (solely, only) / 224
2. 在我看来 (in my opinion) / 225
3. 对……来说 (from somebody's angle) / 226
4. 占 (account for) / 227

词 表

A

AA制	AA制	AAzhì	N.	L13-2
哎哟	哎哟	āiyō	Int.	L7-1
挨	挨	ái	V.	L3-1
欸	欸	ēi	Int.	L3-1
爱好	愛好	àihào	N., V.	L11-2
安排	安排	ānpái	V., N.	L13-2
安全	安全	ānquán	Adj., N.	L2-2
按摩	按摩	ànmó	V., N.	L7-2

B

罢了	罷了	bàle	Pt.	L8-2
百分之	百分之	bǎifēnzhī		L10-2
摆	擺	bǎi	V.	L12-1
呗	唄	bei	Pt.	L6-1
搬	搬	bān	V.	L4-1
办	辦	bàn	V.	L3-1
办工厂	辦工廠	bàn gōngchǎng	V-O.	L14-2
办公室	辦公室	bàngōngshì	N.	L14-1
半天	半天	bàntiān	N.	L2-1
帮助	幫助	bāngzhù	V.	L3-2
棒	棒	bàng	Adj.	L12-1
棒球帽	棒球帽	bàngqiúmào	N.	L13-2
傍晚	傍晚	bàngwǎn	N.	L12-1
包裹	包裹	bāoguǒ	N.	L2-1
保证	保證	bǎozhèng	V., N.	L13-1
报道	報道	bàodào	V.,N.	L14-2
报告	報告	bàogào	N., V.	L9-1
报纸	報紙	bàozhǐ	N.	L14-2
抱	抱	bào	V.	L5-1
背	背	bèi	V.	L4-2
被	被	bèi	Prep.	L8-1

本来	本來	běnlái	Adv.	L5-1
比方说	比方說	bǐfāngshuō		L2-2
比较	比較	bǐjiào	Adv.	L11-1
笔记本	筆記本	bǐjìběn	N.	L3-2
必要	必要	bìyào	Adj., N.	L10-1
毕业	畢業	bì yè	V-O.	L14-1
避开	避開	bìkāi	V.	L11-2
变	變	biàn	V.	L3-2
变成	變成	biànchéng	V.	L14-2
变化	變化	biànhuà	N., V.	L11-1
便宜	便宜	piányi	Adj.	L3-1
表达	表達	biǎodá	V.	L14-2
表现	表現	biǎoxiàn	V.	L6-2
冰水	冰水	bīngshuǐ	N.	L1-2
冰箱	冰箱	bīngxiāng	N.	L1-2
兵马俑	兵馬俑	bīngmǎyǒng	N.	L11-1
并(不)	並(不)	bìng (bù)		L5-1
病	病	bìng	N., V.	L7-1
病从口入	病從口入	bìng cóng kǒu rù	IE	L7-2
玻璃	玻璃	bōli	N.	L2-2
博士	博士	bóshì	N.	L14-1
博物馆	博物館	bówùguǎn	N.	L9-1
不必	不必	búbì	Adv.	L13-2
不但	不但	búdàn	Conj.	L1-1
不得了	不得了	bùdéliǎo	Adj.	L3-2
不管	不管	bùguǎn	Conj.	L2-2
不过	不過	búguò	Conj.	L10-1
不过	不過	búguò	Conj.	L2-2
不好意思	不好意思	bù hǎoyìsi		L3-2
不可避免	不可避免	bù kě bìmiǎn		L14-2
不如	不如	bùrú	Conj.	L9-1
不同	不同	bùtóng	Adj.	L11-1
不用	不用	búyòng	Adv.	L1-2

c

| 猜 | 猜 | cāi | V. | L13-1 |
| 才 | 纔 | cái | Adv. | L10-1 |

采用	採用	cǎiyòng	V.	L13-2
操心	操心	cāo xīn	V-O.	L5-1
草坪	草坪	cǎopíng	N.	L10-2
草原	草原	cǎoyuán	N.	L11-1
茶叶	茶葉	cháyè	N.	L2-1
查	查	chá	V.	L13-1
差	差	chà	Adj.	L10-2
差不多	差不多	chàbuduō	Adj., Adv.	L5-1
拆掉	拆掉	chāidiào	VP.	L9-2
产品	產品	chǎnpǐn	N.	L13-1
长城	長城	Chángchéng	PN.	L8-1
长期	長期	chángqī	N., Adj.	L14-1
唱腔	唱腔	chàngqiāng	N.	L12-1
超过	超過	chāoguò	V.	L6-2
吵	吵	chǎo	V., Adj.	L10-1
吵架	吵架	chǎo jià	V-O.	L10-1
炒	炒	chǎo	V.	L6-2
车轮	車輪	chēlún	N.	L8-2
趁机	趁機	chèn jī	V-O.	L9-2
成年人	成年人	chéngniánrén	N.	L12-2
承认	承認	chéngrèn	V.	L6-2
城墙	城牆	chéngqiáng	N.	L9-2
城市	城市	chéngshì	N.	L11-1
城市	城市	chéngshì	N.	L8-2
城镇	城鎮	chéngzhèn	N.	L11-1
吃素	吃素	chī sù	V-O.	L6-1
翅膀	翅膀	chìbǎng	N.	L6-2
充值	充值	chōng zhí	V-O.	L3-1
冲突	衝突	chōngtū	V.	L8-2
虫	蟲	chóng	N.	L12-2m
宠物	寵物	chǒngwù	N.	L12-2
愁眉苦脸	愁眉苦臉	chóu méi kǔ liǎn	IE	L10-1
出门在外	出門在外	chū mén zài wài	VP.	L7-2
出现	出現	chūxiàn	V.	L10-2
出远门	出遠門	chū yuǎnmén	V-O.	L11-2
除了	除了	chúle	Prep.	L4-2
传统	傳統	chuántǒng	Adj., N.	L1-2
窗口	窗口	chuāngkǒu	N.	L2-1

瓷器	瓷器	cíqì	N.	L13-1
刺激	刺激	cìjī	V.	L12-1
从小	從小	cóngxiǎo	Adv.	L6-1
存钱	存錢	cún qián	V-O.	L2-1
存在	存在	cúnzài	V.	L14-2

D

打的	打的	dǎ dī	V-O.	L9-1
打击	打擊	dǎjī	V.	L13-1
打交道	打交道	dǎ jiāodao	V-O.	L14-1
打牌	打牌	dǎ pái	V-O.	L12-2
打扫	打掃	dǎsǎo	V.	L1-2
打算	打算	dǎsuan	V., N.	L14-1
打折	打折	dǎ zhé	V-O.	L3-1
打针	打針	dǎ zhēn	V-O.	L7-1
大巴	大巴	dàbā	N.	L1-1
大部分	大部分	dàbùfen	N.	L7-2
大吃一顿	大吃一頓	dà chī-yí dùn	VP.	L6-1
大多数	大多數	dàduōshù	N.	L10-1
大概	大概	dàgài	Adj., Adv.	L5-1
大街小巷	大街小巷	dà jiē xiǎo xiàng	IE	L8-2
大量	大量	dàliàng	Adj.	L14-2
大片儿	大片兒	dàpiānr	N.	L12-1
大声	大聲	dà shēng		L4-2
大自然	大自然	dàzìrán	N.	L12-2
带动	帶動	dàidòng	V.	L10-2
带上	帶上	dàishàng	V.	L3-1
贷款	貸款	dài kuǎn	V-O., N.	L14-1
待	待	dāi	V.	L7-1
待遇	待遇	dàiyù	N.	L14-2
单车	單車	dānchē	N.	L8-2
单词	單詞	dāncí	N.	L4-2
耽误	耽誤	dānwù	V.	L9-1
但愿如此	但願如此	dànyuàn rúcǐ	IE	L9-1
当地	當地	dāngdì	N.	L13-2
当时	當時	dāngshí	N.	L7-1
挡	擋	dǎng	V.	L2-2
刀叉	刀叉	dāochā	N.	L6-1

倒	倒	dǎo	V.	L4-1
倒是	倒是	dàoshì	Adv.	L3-2
到处	到處	dàochù	Adv.	L7-2
到底	到底	dàodǐ	Adv.	L2-1
盗版	盜版	dàobǎn	Adj.	L13-1
道理	道理	dàolǐ	N.	L10-1
得	得	dé	V.	L7-2
得罪	得罪	dézuì	V.	L10-1
等同	等同	děngtóng	V.	L8-2
低档	低檔	dīdàng	Adj.	L14-2
地道	地道	dìdao	Adj.	L6-1
地区	地區	dìqū	N.	L7-2
地位	地位	dìwèi	N.	L7-2
第一位	第一位	dì yī wèi		L14-1
点	點	diǎn	V.	L6-1
电话费	電話費	diànhuàfèi	N.	L4-2
电话卡	電話卡	diànhuàkǎ	N.	L3-1
电脑	電腦	diànnǎo	N.	L3-1
电影院	電影院	diànyǐngyuàn	N.	L7-2
电子邮件	電子郵件	diànzǐ yóujiàn	NP.	L3-1
钓鱼	釣魚	diào yú	V-O.	L12-2
调查	調查	diàochá	V.,N.	L9-1
掉	掉	diào	V.	L8-1
顶	頂	dǐng	M.W.	L13-2
定做	定做	dìngzuò	V.	L13-1
丢	丟	diū	V.	L8-1
冬天	冬天	dōngtiān	N.	L1-2
动物	動物	dòngwù	N.	L11-1
独生子女	獨生子女	dúshēng zǐnǚ	NP.	L5-2
堵(车)	堵(車)	dǔ (chē)	V., Adj.	L9-1
堵塞	堵塞	dǔsè	N.	L9-2
肚子	肚子	dùzi	N.	L6-2
短信	短信	duǎnxìn	N.	L3-1
锻炼	鍛煉	duànliàn	V.	L8-2
堆	堆	duī	M.W.	L12-1
对	對	duì	M.W.	L8-2
对了	對了	duìle	V.	L5-1
多样化	多樣化	duōyànghuà	Adj.	L12-2

E

恶心	噁心	ěxin	Adj.	L7-1
而且	而且	érqiě	Conj.	L1-1
二手	二手	èrshǒu	Adj.	L8-1

F

发	發	fā	V.	L3-1
发呆	發呆	fā dāi	V-O	.L8-1
发票	發票	fāpiào	N.	L9-1
发烧	發燒	fāshāo	V-O.	L7-2
发生	發生	fāshēng	V.	L3-2
发现	發現	fāxiàn	V.	L12-1
发展	發展	fāzhǎn	V.	L9-2
罚款	罰款	fá kuǎn	V-O., N.	L13-1
反正	反正	fǎnzhèng	Adv.	L4-1
饭店	飯店	fàndiàn	N.	L11-2
方便	方便	fāngbiàn	Adj.	L2-2
方式	方式	fāngshì	N.	L6-2
房费	房費	fángfèi	N.	L4-2
房间	房間	fángjiān	N.	L1-2
仿制品	仿製品	fǎngzhìpǐn	N.	L13-1
访问	訪問	fǎngwèn	V.	L8-2
放	放	fàng	V.	L5-2
放假	放假	fàng jià	V-O.	L9-1
放松	放鬆	fàngsōng	V.	L8-1
非常	非常	fēicháng	Adv.	L1-1
费钱	費錢	fèiqián	Adj.	L10-1
费用	費用	fèiyòng	N.	L4-2
纷纷	紛紛	fēnfēn	Adv.	L10-2
奋斗	奮鬥	fèndòu	V.	L12-2
丰富	豐富	fēngfù	V., Adj.	L10-1
丰富多彩	豐富多彩	fēngfù-duōcǎi	IE	L6-2
丰盛	豐盛	fēngshèng	Adj.	L6-2
风光	風光	fēngguāng	N.	L12-2
风景	風景	fēngjǐng	N.	L1-2
风土人情	風土人情	fēngtǔ rénqíng	IE	L9-1

封	封	fēng	M.W.	L1-2
服务	服務	fúwù	V., N.	L2-2
服务员	服務員	fúwùyuán	N.	L1-2
服装	服裝	fúzhuāng	N.	L12-1
符合	符合	fúhé	V.	L13-2
付	付	fù	V.	L4-2
附近	附近	fùjìn	N.	L2-2
复杂	複雜	fùzá	Adj.	L13-2
副	副	fù	M.W.	L6-1

G

改变	改變	gǎibiàn	V.	L10-2
改革开放	改革開放	gǎigé kāifàng	VP.	L10-2
改善	改善	gǎishàn	V.	L9-2
盖	蓋	gài	V.	L9-2
干净	乾净	gānjìng	Adj.	L1-1
干什么	幹什麼	gànshénme	V-O.	L3-1
赶快	趕快	gǎnkuài	Adv.	L7-1
敢	敢	gǎn	V.	L5-1
感触	感觸	gǎnchù	N.	L11-1
感冒	感冒	gǎnmào	N.,V.	L7-2
感受	感受	gǎnshòu	N., V.	L11-1
感兴趣	感興趣	gǎn xìngqù	V-O.	L5-1
高档	高檔	gāodàng	Adj.	L8-1
高峰期	高峰期	gāofēngqī	N.	L9-2
高级	高級	gāojí	Adj.	L6-2
高楼	高樓	gāolóu	N.	L11-1
高雅	高雅	gāoyǎ	Adj.	L12-2
歌曲	歌曲	gēqǔ	N.	L13-1
隔壁	隔壁	gébì	N.	L10-1
个人支票	個人支票	gèrén zhīpiào	NP.	L4-2
各地	各地	gèdì	N.	L9-1
各式各样	各式各樣	gè shì gè yàng	IE	L9-2
各种	各種	gèzhǒng		L11-2
各种各样	各種各樣	gè zhǒng-gè yàng	IE	L6-1
根本	根本	gēnběn	Adv.	L2-1
根据	根據	gēnjù	Prep.	L11-2

跟着	跟著	gēnzhe	V., Adv.	L8-2
更	更	gèng	Adv.	L4-2
工具	工具	gōngjù	N.	L11-2
工商	工商	gōngshāng	N.	L14-1
工艺品	工藝品	gōngyìpǐn	N.	L13-1
公共	公共	gōnggòng	Adj.	L9-2
公家	公家	gōngjia	N.	L10-2
公交车	公車	gōngjiāochē	N.	L9-1
公路	公路	gōnglù	N.	L10-2
公寓	公寓	gōngyù	N.	L14-2
公园	公園	gōngyuán	N.	L1-2
功课	功課	gōngkè	N.	L5-2
共同点	共同點	gòngtóngdiǎn	N.	L2-2
购物中心	購物中心	gòuwù zhōngxīn	NP.	L13-1
够	夠	gòu	Adj., Adv.	L9-2
够意思	夠意思	gòu yìsi	VP.	L13-2
古色古香	古色古香	gǔsè-gǔxiāng	IE	L1-2
古玩	古玩	gǔwán	N.	L13-1
故事	故事	gùshi	N.	L8-2
挂号	掛號	guà hào	V-O.	L7-1
关	關	guān	V.	L3-2
关键	關鍵	guānjiàn	N., Adj.	L8-1
关门	關門	guān mén	V-O.	L9-1
关系	關係	guānxi	N.	L5-1
观念	觀念	guānniàn	N.	L10-2
官员	官員	guānyuán	N.	L11-2
管	管	guǎn	V.	L5-1
管理	管理	guǎnlǐ	V.	L14-1
管用	管用	guǎnyòng	Adj.	L7-1
光	光	guāng	Adv.	L11-2
光盘	光盤	guāngpán	N.	L13-1
广场	廣場	guǎngchǎng	N.	L12-2
柜台	櫃檯	guìtái	N.	L2-1
桂林	桂林	Guìlín	PN.	L11-1
国际	國際	guójì	Adj.	L14-1
国家	國家	guójiā	N.	L6-2
过敏	過敏	guòmǐn	V.	L7-2

H

哈哈	哈哈	hāhā	Int.	L8-1
海边	海邊	hǎibiān	N.	L11-1
海底	海底	hǎidǐ	N.	L11-1
海关	海關	hǎiguān	N.	L1-1
汉堡包	漢堡包	hànbǎobāo	N.	L14-1
汉朝	漢朝	Hàncháo	PN.	L13-1
好不容易	好不容易	hǎobù róngyì		L2-1
好处	好處	hǎochù	N.	L5-1
好几	好幾	hǎojǐ	Num.	L2-2
好奇	好奇	hàoqí	Adj.	L12-1
号	號	hào	N.	L2-1
号码	號碼	hàomǎ	N.	L3-1
合法	合法	héfǎ	V-O.	L7-2
合适	合適	héshì	Adj.	L13-2
合资企业	合資企業	hézī qǐyè	NP.	L14-1
何必	何必	hébì	Adv.	L13-1
盒子	盒子	hézi	N.	L2-1
红桥	紅橋	Hóngqiáo	PN.	L13-1
红烧	紅燒	hóngshāo	V.	L6-2
后果	後果	hòuguǒ	N.	L10-2
后海	後海	hòuhǎi	PN.	L12-1
后悔	後悔	hòuhuǐ	V.	L9-1
湖	湖	hú	N.	L1-2
护士	護士	hùshi	N.	L7-2
花	花	huā	V.	L3-2
花费	花費	huāfèi	N.	L13-2
花光	花光	huāguāng	VP.	L11-1
化验	化驗	huàyàn	V.	L7-1
划船	划船	huá chuán	V-O.	L12-2
划算	划算	huásuàn	Adj.	L9-2
话剧	話劇	huàjù	N.	L12-2
坏	壞	huài	V.	L2-2
坏处	壞處	huàichù	N.	L5-1
欢迎	歡迎	huānyíng	V.	L3-1
环境	環境	huánjìng	N.	L7-2

换	換	huàn	V.	L2-1
换车	換車	huàn chē	V-O.	L9-1
皇帝	皇帝	huángdì	N.	L5-2
黄金周	黃金週	huángjīnzhōu	N.	L11-2
活动	活動	huódòng	N., V.	L10-2
火爆	火爆	huǒbào	Adj.	L10-2
火车站	火車站	huǒchēzhàn	N.	L7-2
伙伴	夥伴	huǒbàn	N.	L4-1
货	貨	huò	N.	L13-1

J

机场	機場	jīchǎng	N.	L1-1
机构	機構	jīgòu	N.	L14-2
机会	機會	jīhuì	N.	L4-1
机票	機票	jīpiào	N.	L11-2
基本上	基本上	jīběnshang	Adv.	L12-1
级别	級別	jíbié	N.	L11-2
极了	極了	jíle	Suf.	L1-2
即使	即使	jíshǐ	Conj.	L6-1
急病	急病	jíbìng	N.	L7-2
急诊	急診	jízhěn	N.	L7-2
几乎	幾乎	jīhū	Adv.	L3-2
挤	擠	jǐ	Adj., V.	L9-1
计划	計劃	jìhuà	N., V.	L14-1
记	記	jì	V.	L4-2
记得	記得	jìde	V.	L4-2
记者	記者	jìzhě	N.	L14-2
纪念	紀念	jìniàn	V., N.	L13-2
纪念品	紀念品	jìniànpǐn	N.	L13-1
既……又	既……又	jì...yòu		L7-2
既然	既然	jìrán	Conj.	L6-1
继续	繼續	jìxù	V.	L14-1
寄	寄	jì	V.	L2-1
加上	加上	jiāshàng	Conj.	L3-1
家	家	jiā	M.W.	L7-1
家常	家常	jiācháng	Adj., N.	L9-2
家乐福	家樂福	Jiālèfú	PN.	L14-2

家庭	家庭	jiātíng	N.	L5-1
家务活	家務活	jiāwùhuó	N.	L5-1
家乡	家鄉	jiāxiāng	N.	L13-2
价格	價格	jiàgé	N.	L6-2
价值	價值	jiàzhí	N.	L13-1
驾驶	駕駛	jiàshǐ	V.	L10-2
架(子)	架(子)	jià (zi)	N.	L8-2
假	假	jiǎ	Adj.	L6-1
假冒	假冒	jiǎmào	Adj.	L13-1
假期	假期	jiàqī	N.	L11-1
煎	煎	jiān	V.	L6-2
减价	減價	jiǎn jià	V-O.	L3-1
减少	減少	jiǎnshǎo	V.	L9-2
简单	簡單	jiǎndān	Adj.	L5-2
建	建	jiàn	V.	L9-2
建议	建議	jiànyì	V., N.	L10-1
建筑	建築	jiànzhù	N.	L1-2
健康	健康	jiànkāng	Adj.	L1-2
讲究	講究	jiǎngjiu	V., Adj.	L6-2
交	交	jiāo	V.	L3-1
交换	交換	jiāohuàn	V.	L4-1
交钱	交錢	jiāo qián	V-O.	L2-2
交通	交通	jiāotōng	N.	L9-1
叫	叫	jiào	V.	L7-1
教授	教授	jiàoshòu	N.	L10-1
教育	教育	jiàoyù	V., N.	L5-2
接	接	jiē	V.	L1-1
接受	接受	jiēshòu	V.	L4-2
街	街	jiē	N.	L12-1
街道	街道	jiēdào	N.	L12-2
节奏	節奏	jiézòu	N.	L12-2
结果	結果	jiéguǒ	Conj.,N.	L5-2
解释	解釋	jiěshì	V.	L10-1
介绍	介紹	jièshào	V.	L4-1
金钱	金錢	jīnqián	N.	L14-1
金融	金融	jīnróng	N.	L14-1
紧张	緊張	jǐnzhāng	Adj.	L9-1
尽管	儘管	jǐnguǎn	Conj.	L5-1

尽量	儘量	jǐnliàng	Adv.	L5-2
进步	進步	jìnbù	V.	L4-2
进口	進口	jìnkǒu	Adj.	L10-1
进入	進入	jìnrù	V.	L10-2
京剧	京劇	Jīngjù	PN.	L9-1
经过	經過	jīngguò	V.	L13-2
经济	經濟	jīngjì	N., Adj.	L8-2
经历	經歷	jīnglì	N., V.	L9-1
惊险	驚險	jīngxiǎn	Adj.	L12-1
惊讶	驚訝	jīngyà	Adj.	L14-2
精力	精力	jīnglì	N.	L5-2
精美	精美	jīngměi	Adj.	L13-1
精神	精神	jīngshen	N.	L1-1
精心	精心	jīngxīn	Adj.	L13-2
景点	景點	jǐngdiǎn	N.	L11-2
警察	警察	jǐngchá	N.	L8-1
竞争	競爭	jìngzhēng	V.	L2-2
旧	舊	jiù	Adj.	L8-1
居住	居住	jūzhù	V.	L14-2
巨大	巨大	jùdà	Adj.	L14-2
具有	具有	jùyǒu	V.	L13-2
剧场	劇場	jùchǎng	N.	L12-2
据	據	jù	Prep.	L10-2
距离	距離	jùlí	N., V.	L3-2
聚	聚	jù	V.	L12-2
聚会	聚會	jùhuì	N.	L6-2
决定	決定	juédìng	V., N.	L11-1
绝对	絕對	juéduì	Adv.	L12-1

K

卡拉OK厅	卡拉OK廳	kǎlāOKtīng		L12-1
开放	開放	kāifàng	Adj.	L14-2
开始	開始	kāishǐ	V.	L5-2
开通	開通	kāitōng	V.	L3-1
开玩笑	開玩笑	kāi wánxiào	V-O.	L7-1
开药	開藥	kāi yào	V-O.	L7-2
侃大山	侃大山	kǎn dàshān	V-O.	L12-2

看出	看出	kànchū	VP.	L6-2
看来	看來	kànlái	V.	L1-2
康书林	康書林	Kāng Shūlín	PN.	L1-1
考虑	考慮	kǎolǜ	V.	L14-1
可爱	可愛	kě'ài	Adj.	L8-2
可笑	可笑	kěxiào	Adj.	L2-1
客气	客氣	kèqi	Adj.	L5-1
课间	課間	kèjiān	N.	L10-1
课堂	課堂	kètáng	N.	L4-2
肯德基	肯德基	Kěndéjī	PN.	L6-1
肯定	肯定	kěndìng	Adv.	L5-1
空	空	kōng	Adj.	L11-1
空地	空地	kòngdì	N.	L12-2
空调	空調	kōngtiáo	N.	L1-2
空间	空間	kōngjiān	N.	L10-2
空气	空氣	kōngqì	N.	L1-1
口袋	口袋	kǒudài	N.	L3-2
口头	口頭	kǒutóu	N.	L9-1
哭	哭	kū	V.	L5-1
跨国	跨國	kuàguó	Adj.	L14-1
快餐	快餐	kuàicān	N.	L6-1
快速	快速	kuàisù	Adv.	L10-2
筷子	筷子	kuàizi	N.	L6-1
宽	寬	kuān	Adj.	L9-2
款式	款式	kuǎnshì	N.	L13-1
困	睏	kùn	Adj.	L4-1
困难	困難	kùnnan	N., Adj.	L5-1
扩大	擴大	kuòdà	V.	L9-2
扩建	擴建	kuòjiàn	V.	L9-2

L

垃圾	垃圾	lājī	N.	L6-1
拉肚子	拉肚子	lā dùzi	V-O.	L7-1
来	來	lái	V.	L6-1
来不及	來不及	láibují	VP.	L5-1
来自	來自	láizì	V.	L14-2
劳动力	勞動力	láodònglì	N.	L14-2

老	老	lǎo	Adv.	L4-1
老大妈	老大媽	lǎodàmā	N.	L12-2
老美	老美	lǎoměi	N.	L6-1
老手	老手	lǎoshǒu	N.	L6-1
老太太	老太太	lǎotàitai	N.	L2-2
姥姥	姥姥	lǎolao	N.	L5-2
姥爷	姥爺	lǎoye	N.	L5-2
类	類	lèi	M.W.	L14-2
离开	離開	líkāi	VP.	L11-1
礼节	禮節	lǐjié	N.	L13-2
礼品	禮品	lǐpǐn	N.	L13-1
礼轻情义重	禮輕情意重	lǐqīng qíngyì zhòng		L13-2
礼物	禮物	lǐwù	N.	L13-1
李月珊	李月珊	Lǐ Yuèshān	PN.	L1-1
理想主义者	理想主義者	lǐxiǎngzhǔyìzhě	NP.	L14-1
理由	理由	lǐyóu	N.	L9-1
历史	歷史	lìshǐ	N.	L9-1
厉害	厲害	lìhai	Adj.	L5-2
立交桥	立交橋	lìjiāoqiáo	N.	L9-1
利用	利用	lìyòng	V.	L4-1
例(子)	例(子)	lì (zi)	N.	L10-1
联通	聯通	Liántōng	PN.	L3-1
联系	聯繫	liánxì	V.,N.	L3-2
廉价	廉價	liánjià	Adj.	L14-2
练功	練功	liàn gōng	V-O.	L12-2
练习	練習	liànxí	V.,N.	L3-2
恋人	戀人	liànrén	N.	L8-2
链子	鏈子	liànzi	N.	L8-1
辆	輛	liàng	M.W.	L8-1
聊天室	聊天室	liáotiānshì	N.	L3-2
了解	瞭解	liǎojiě	V.	L8-2
邻居	鄰居	línjū	N.	L10-1
陵	陵	líng	N.	L11-1
零钱	零錢	língqián	N.	L9-1
另外	另外	lìngwài	Adj., Adv.	L2-2
留学生	留學生	liúxuéshēng	N.	L1-1
流利	流利	liúlì	Adj.	L4-2
流行	流行	liúxíng	Adj.	L13-2

遛鸟	遛鳥	liù niǎo	V-O.	L12-2
遛弯儿	遛彎兒	liù wānr	V-O.	L12-2
楼房	樓房	lóufáng	N.	L1-2
路边	路邊	lùbiān	N.	L12-1
路灯	路燈	lùdēng	N.	L12-2
旅行社	旅行社	lǚxíngshè	N.	L10-2
旅游	旅遊	lǚyóu	V., N.	L9-1
绿地	綠地	lǜdì	N.	L10-2
绿色	綠色	lǜsè	N.	L9-2
轮子	輪子	lúnzi	N.	L8-2
落后	落後	luò hòu	Adj., V.	L4-2

M

麻烦	麻煩	máfan	Adj., V.	L5-1
马可·波罗	馬可·波羅	Mǎkě Bōluó	PN.	L14-2
马路	馬路	mǎlù	N.	L12-2
满意	滿意	mǎnyì	V.	L13-2
满足	滿足	mǎnzú	V.	L5-2
冒险	冒險	mào xiǎn	V-O.	L13-1
贸易	貿易	màoyì	N.	L14-1
没收	沒收	mòshōu	V.	L13-1
没想到	沒想到	méixiǎngdào	VP.	L1-1
美	美	měi	Adj.	L12-1
美丽	美麗	měilì	Adj.	L11-1
美梦成真	美夢成真	měi mèngchéng zhēn	IE	L4-2
美元	美元	měiyuán	N.	L2-2
魅力	魅力	mèilì	N.	L12-2
门口	門口	ménkǒu	N.	L2-1
梦	夢	mèng	N.	L4-2
梦想	夢想	mèngxiǎng	N.	L14-1
秘密	秘密	mìmì	N.	L14-1
密切	密切	mìqiè	Adj.	L8-2
免得	免得	miǎnde	Conj.	L8-1
免费	免費	miǎnfèi	Adj.	L12-1
面包车	麵包車	miànbāochē	N.	L10-1
面对	面對	miànduì	V.	L14-2
面临	面臨	miànlín	V.	L10-2

面前	面前	miànqián	N.	L2-2
名词	名詞	míngcí	N.	L10-2
名牌	名牌	míngpái	N.	L13-1
名胜古迹	名勝古跡	míngshèng gǔjì	NP.	L11-2
明白	明白	míngbai	Adj., V.	L1-1
明信片	明信片	míngxìnpiàn	N.	L13-2
明星	明星	míngxīng	N.	L12-1
摸	摸	mō	V.	L3-2
陌生人	陌生人	mòshēngrén	N.	L14-2

N

拿	拿	ná	V.	L2-1
那还用说	那還用說	nàháiyòngshuō	IE	L5-1
奶酪	奶酪	nǎilào	N.	L14-1
奶奶	奶奶	nǎinai	N.	L5-2
难怪	難怪	nánguài	Adv.	L6-1
难看	難看	nánkàn	Adj.	L8-1
难说	難說	nánshuō	V.	L5-1
难题	難題	nántí	N.	L10-1
闹笑话	鬧笑話	nào xiàohua	V-O.	L2-1
内蒙古	內蒙古	Nèiměnggǔ	PN.	L11-1
内容	內容	nèiróng	N.	L6-2
年长	年長	niánzhǎng	Adj.	L13-2
年轻人	年輕人	niánqīngrén	N.	L8-2
鸟笼子	鳥籠子	niǎolóngzi	N.	L12-2
宁缺毋滥	寧缺毋濫	nìngquē-wúlàn	IE	L13-1
牛排	牛排	niúpái	N.	L14-1
牛肉	牛肉	niúròu	N.	L6-1
农村	農村	nóngcūn	N.	L8-2
努力	努力	nǔlì	V., Adj.	L3-2

O

偶尔	偶爾	ǒu'ěr	Adv.	L12-1

P

排队	排隊	pái duì	V-O.	L2-1
牌子	牌子	páizi	N.	L13-1

派出所	派出所	pàichūsuǒ	N.	L8-1
潘家园	潘家園	Pānjiāyuán	PN.	L13-1
旁听	旁聽	pángtīng	V.	L14-1
泡茶	泡茶	pào chá	V-O.	L2-1
陪	陪	péi	V.	L8-1
佩服	佩服	pèifu	V.	L14-1
配音	配音	pèi yīn	V-O.	L12-1
碰到	碰到	pèngdào	V.	L9-1
皮肤	皮膚	pífū	N.	L11-1
啤酒	啤酒	píjiǔ	N.	L6-1
偏要	偏要	piān yào		L7-1
偏远	偏遠	piānyuǎn	Adj.	L11-1
篇	篇	piān	M.W.	L2-2
骗	騙	piàn	V.	L4-1
票房	票房	piàofáng	N.	L8-2
贫富差距	貧富差距	pínfù chājù	NP	L14-2
品尝	品嚐	pǐncháng	V.	L6-2
平分	平分	píngfēn	V.	L13-2
评价	評價	píngjià	V.,N.	L14-2
普遍	普遍	pǔbiàn	Adj., Adv.	L11-2
普及	普及	pǔjí	V., Adj.	L7-2

Q

其实	其實	qíshí	Adv.	L5-2
其他	其他	qítā	Pron.	L2-2
奇怪	奇怪	qíguài	Adj.	L2-1
骑	騎	qí	V.	L8-1
旗袍	旗袍	qípáo	N.	L13-1
气	氣	qì	N.	L7-2
气氛	氣氛	qìfēn	N.	L12-1
汽车站	汽車站	qìchēzhàn	N.	L7-2
汽油	汽油	qìyóu	N.	L10-1
起(床)	起(床)	qǐ chuáng	V-O.	L5-1
千里送鹅毛	千里送鵝毛	Qiānlǐ sòng émáo	IE	L13-2
牵	牽	qiān	V.	L12-2
谦让	謙讓	qiānràng	V.	L13-2
签	簽	qiān	V.	L4-1

前途	前途	qiántú	N.	L12-2
抢	搶	qiǎng	V.	L13-2
悄悄话	悄悄話	qiāoqiāohuà	N.	L8-2
敲	敲	qiāo	V.	L2-1
桥	橋	qiáo	N.	L1-2
亲爱	親愛	qīn'ài	Adj.	L1-2
秦始皇	秦始皇	Qínshǐhuáng	PN.	L11-1
青岛	青島	Qīngdǎo	PN.	L11-1
轻轨	輕軌	qīngguǐ	N.	L9-2
轻松	輕鬆	qīngsōng	Adj.	L5-2
清朝	清朝	Qīngcháo	PN.	L13-1
清蒸	清蒸	qīngzhēng	V.	L6-2
情况	情況	qíngkuàng	N.	L7-1
晴	晴	qíng	Adj.	L2-2
穷	窮	qióng	Adj.	L10-1
区别	區別	qūbié	V., N.	L10-2
取	取	qǔ	V.	L1-1
取钱	取錢	qǔ qián	V-O.	L2-2
全	全	quán	Adj., Adv.	L3-2
劝	勸	quàn	V.	L7-1
却	卻	què	Adv.	L1-2
确实	確實	quèshí	Adv.	L13-2
群	群	qún	M.W.	L12-2
群众	群眾	qúnzhòng	N.	L12-1

R

热闹	熱鬧	rènao	Adj.	L12-1
热情	熱情	rèqíng	Adj.	L3-1
人口	人口	rénkǒu	N.	L5-2
人民币	人民幣	rénmínbì	N.	L2-2
人山人海	人山人海	rén shān rén hǎi	IE	L11-2
任何	任何	rènhé	Pron.	L6-2
日记	日記	rìjì	N.	L2-2
入	入	rù	V.	L11-1
入乡随俗	入鄉隨俗	rù xiāng suí sú	IE	L2-1
软	軟	ruǎn	Adj.	L5-1
软卧	軟臥	ruǎnwò	N.	L11-2

软座	軟座	ruǎnzuò	N.	L11-2

S

三里屯	三里屯	Sānlǐtún	PN.	L12-1
扫兴	掃興	sǎo xìng	V-O.	L11-2
晒黑	曬黑	shàihēi	VP.	L11-1
山	山	shān	N.	L1-2
山地车	山地車	shāndìchē	N.	L8-1
山水	山水	shānshuǐ	N.	L11-1
扇子	扇子	shànzi	N.	L12-2
伤脑筋	傷腦筋	shāng nǎojīn	V-O.	L13-2
商场	商場	shāngchǎng	N.	L7-2
商量	商量	shāngliang	V.	L10-1
上班	上班	shàng bān	V-O.	L8-2
上厕所	上廁所	shàng cèsuǒ	V-O.	L7-1
上次	上次	shàngcì	N.	L7-1
上网	上網	shàng wǎng	V-O.	L3-1
烧开	燒開	shāokāi	VP.	L1-2
少数民族	少數民族	shǎoshù mínzú	NP.	L11-1
舌头	舌頭	shétou	N.	L6-2
社会	社會	shèhuì	N.	L9-1
申请	申請	shēnqǐng	V., N.	L14-1
身上	身上	shēnshang	N.	L5-2
身体	身體	shēntǐ	N.	L1-2
身影	身影	shēnyǐng	N.	L12-2
深	深	shēn	Adj.	L11-1
神奇	神奇	shénqí	Adj.	L7-2
甚至	甚至	shènzhì	Conj.	L4-2
生气	生氣	shēng qì	V-O., Adj.	L2-1
省得	省得	shěngde	Conj.	L6-1
省钱	省錢	shěng qián	V-O.	L3-2
省事	省事	shěng shì	V-O., Adj.	L10-1
剩下	剩下	shèngxia	V.	L11-1
十分	十分	shífēn	Adv.	L9-2
什么的	什麼的	shénmede	Pt.	L6-1
时报	時報	shíbào	N.	L14-2
时差	時差	shíchā	N.	L4-1

时代	時代	shídài	N.	L9-2
实现	實現	shíxiàn	V.	L14-1
实行	實行	shíxíng	V.	L5-2
实用	實用	shíyòng	Adj.	L8-1
食品	食品	shípǐn	N.	L6-1
使用	使用	shǐyòng	V.	L3-1
世界	世界	shìjiè	N.	L3-2
市长	市長	shìzhǎng	N.	L10-1
市场	市場	shìchǎng	N.	L10-2
事故	事故	shìgù	N.	L9-1
适应	適應	shìyìng	V.	L1-2
誓约	誓約	shìyuē	N.	L4-1
收	收	shōu	V.	L11-2
收藏	收藏	shōucáng	V.	L13-1
收到	收到	shōudào	V.	L3-1
收获	收穫	shōuhuò	N.	L13-1
收入	收入	shōurù	N.	L6-2
收拾	收拾	shōushi	V.	L1-2
手机	手機	shǒujī	N.	L3-1
手续费	手續費	shǒuxùfèi	N.	L11-2
首都	首都	shǒudū	N.	L1-1
受	受	shòu	V.	L13-2
受到	受到	shòudào	V.	L4-1
售票处	售票處	shòupiàochù	N.	L11-2
书包	書包	shūbāo	N.	L3-2
书桌	書桌	shūzhuō	N.	L1-2
输	輸	shū	V.	L5-1
熟	熟	shú	Adj.	L7-2
熟悉	熟悉	shúxī	V.	L1-1
暑期班	暑期班	shǔqībān	N.	L12-1
数	數	shǔ	V.	L2-2
数一数二	數一數二	shǔyī–shǔèr	IE	L6-2
水电费	水電費	shuǐdiànfèi	N.	L4-2
水龙头	水龍頭	shuǐlóngtóu	N.	L1-2
水平	水準	shuǐpíng	N.	L5-1
水族馆	水族館	shuǐzúguǎn	N.	L11-1
顺利	順利	shùnlì	Adj.	L1-1
说法	說法	shuōfa	N.	L6-2

说明	說明	shuōmíng	V.	L8-2
私家车	私家車	sījiāchē	N.	L10-2
私人	私人	sīrén	Adj.	L10-1
死机	死機	sǐ jī	V-O.	L13-1
四声	四聲	sìshēng	N.	L4-1
似的	似的	shìde	Pt.	L2-1
送礼	送禮	sòng lǐ	V-O.	L13-2
俗话	俗話	súhuà	N.	L7-2
速度	速度	sùdù	N.	L1-1
宿舍	宿舍	sùshè	N.	L1-2
虽说	雖說	suīshuō	Conj.	L9-1
随便	隨便	suíbiàn	Adj., Adv.	L2-1
随时随地	隨時隨地	suíshí suídì	IE	L3-2
随着	隨著	suízhe	Prep.	L9-2
所谓	所謂	suǒwèi	Adj.	L14-1
锁	鎖	suǒ	N., V.	L8-1

T

台灯	臺燈	táidēng	N.	L1-2
太极拳	太極拳	tàijíquán	N.	L12-2
态度	態度	tàidù	N.	L2-2
唐装	唐裝	tángzhuāng	N	L13-1
烫	燙	tàng	Adj., V.	L2-1
趟	趟	tàng	M.W.	L7-1
陶俑	陶俑	táoyǒng	N.	L13-1
讨价还价	討價還價	tǎojià–huánjià	IE	L3-1
讨论	討論	tǎolùn	V.	L4-2
套	套	tào	N., M.W.	L14-2
特别	特別	tèbié	Adv., Adj.	L1-1
特点	特點	tèdiǎn	N.	L6-2
特色	特色	tèsè	N.	L13-2
疼	疼	téng	Adj.	L7-1
提	提	tí	V.	L10-1
提	提	tí	V.	L12-2
提倡	提倡	tíchàng	V.	L9-2
提供	提供	tígōng	V.	L11-2
体验	體驗	tǐyàn	V., N.	L7-1

天安门	天安門	Tiān'ānmén	PN.	L9-1
田园	田園	tiányuán	N.	L12-2
甜甜	甜甜	tiántián	Adj.	L8-2
条	條	tiáo	N., MW.	L14-2
停车	停車	tíng chē	V-O.	L10-1
挺	挺	tǐng	Adv.	L6-1
同时	同時	tóngshí	Conj.	L1-2
同意	同意	tóngyì	V.	L4-2
偷	偷	tōu	V.	L8-1
头	頭	tóu	Adj.	L14-1
头疼	頭疼	tóuténg	Adj.	L7-2
投资	投資	tóu zī	V-O., N.	L14-2
土	土	tǔ	Adj.	L10-1
吐	吐	tù	V.	L7-1
团体	團體	tuántǐ	N.	L11-2
推	推	tuī	V.	L8-2
推荐	推薦	tuījiàn	V., N.	L3-1
推让	推讓	tuīràng	V.	L13-2
推销	推銷	tuīxiāo	V.	L11-2
腿	腿	tuǐ	N.	L6-2
退休	退休	tuì xiū	V.	L12-2

W

外商	外商	wàishāng	N.	L14-2
外星人	外星人	wàixīngrén	N.	L2-1
万	萬	wàn	Num.	L2-2
万一	萬一	wànyī	Conj.	L7-2
网络	網絡	wǎngluò	N.	L3-1
忘不了	忘不了	wàngbùliǎo	VP.	L8-2
危险	危險	wēixiǎn	Adj.	L4-2
为	為	wèi	Prep.	L2-2
为了	為了	wèile	Prep.	L4-1
违反	違反	wéifǎn	V.	L4-1
围	圍	wéi	V.	L12-1
维修	維修	wéixiū	V.	L10-2
卫生	衛生	wèishēng	Adj., N.	L7-2
味道	味道	wèidao	N.	L6-1

文化	文化	wénhuà	N.	L5-2
文物	文物	wénwù	N.	L13-1
我说呢	我說呢	wǒ shuō ne	IE	L12-1
沃尔玛	沃爾瑪	Wò'ěrmǎ	PN.	L14-2
污染	污染	wūrǎn	V.	L9-2
屋子	屋子	wūzi	N.	L1-2
无论	無論	wúlùn	Conj.	L7-2
武打	武打	wǔdǎ	N.	L12-1
舞厅	舞廳	wǔtīng	N.	L12-2
物美价廉	物美價廉	wùměijiàlián	IE	L13-1

X

西安	西安	Xī'ān	PN.	L11-1
西药	西藥	xīyào	N.	L7-1
西医	西醫	xīyī	N.	L7-2
吸引	吸引	xīyǐn	V.	L14-2
希望	希望	xīwàng	V., N.	L4-2
洗手间	洗手間	xǐshǒujiān	N.	L1-2
洗碗	洗碗	xǐ wǎn	V-O.	L5-2
下班	下班	xià bān	V-O.	L8-2
下课	下課	xià kè	V-O.	L4-1
下棋	下棋	xià qí	V-O.	L12-1
夏天	夏天	xiàtiān	N.	L1-2
先进	先進	xiānjìn	Adj.	L4-2
嫌	嫌	xián	V.	L9-2
现代	現代	xiàndài	N. Adj.	L7-2
现代化	現代化	xiàndàihuà	V.	L1-1
现金	現金	xiànjīn	N.	L4-2
现实	現實	xiànshí	N., Adj.	L14-1
线	線	xiàn	N.	L9-2
相处	相處	xiāngchǔ	V.	L5-1
相关	相關	xiāngguān	Adj.	L10-2
相信	相信	xiāngxìn	V.	L7-2
香港	香港	Xiānggǎng	PN.	L14-2
享受	享受	xiǎngshòu	V.	L11-2
响	響	xiǎng	Adj., V.	L3-1
想不到	想不到	xiǎngbudào	VP.	L1-1

想法	想法	xiǎngfǎ	N.	L9-1
项目	項目	xiàngmù	N.	L14-1
象棋	象棋	xiàngqí	N.	L12-1
像	像	xiàng	V., Adv.	L1-1
消费	消費	xiāofèi	V.	L11-2
小摊儿	小攤兒	xiǎotānr	N.	L3-1
小偷	小偷	xiǎotōu	N.	L8-1
校园	校園	xiàoyuán	N.	L1-1
笑脸	笑臉	xiàoliǎn	N.	L7-2
笑容	笑容	xiàoróng	N.	L8-2
心安理得	心安理得	xīn ān lǐ dé	IE	L13-2
心理	心理	xīnlǐ	N.	L13-1
心情	心情	xīnqíng	N.	L7-2
心疼	心疼	xīnténg	V.	L8-1
心意	心意	xīnyì	N.	L13-2
辛苦	辛苦	xīnkǔ	Adj.	L5-2
欣赏	欣賞	xīnshǎng	V.	L12-2
新	新	xīn	Adv., Adj.	L12-1
新手	新手	xīnshǒu	N.	L9-2
新闻学	新聞學	xīnwénxué	N.	L14-2
新鲜	新鮮	xīnxiān	Adj.	L5-1
新型	新型	xīnxíng	Adj.	L14-2
信用卡	信用卡	xìnyòngkǎ	N.	L4-2
兴奋	興奮	xīngfèn	Adj.	L1-1
兴高采烈	興高采烈	xìng gāo cǎi liè	IE	L12-2
兴趣	興趣	xìngqù	N.	L12-1
行李	行李	xíngli	N.	L1-1
行业	行業	hángyè	N.	L10-2
形式	形式	xíngshì	N.	L6-2
醒	醒	xǐng	V.	L4-2
幸福	幸福	xìngfú	Adj.	L5-2
休息	休息	xiūxi	V.	L10-1
修	修	xiū	V.	L9-2
秀水	秀水	Xiùshuǐ	PN.	L13-1
虚荣	虛榮	xūróng	Adj., N.	L10-1
需要	需要	xūyào	N., V.	L11-2
选	選	xuǎn	V.	L14-1
选择	選擇	xuǎnzé	V., N.	L11-2

学生证	學生證	xuéshēngzhèng	N.	L3-1

Y

压力	壓力	yālì	N.	L5-2
亚洲	亞洲	Yàzhōu	PN.	L14-2
严重	嚴重	yánzhòng	Adj.	L10-2
研究	研究	yánjiū	V., N.	L14-1
研究所	研究所	yánjiūsuǒ	N.	L14-1
眼睛	眼睛	yǎnjing	N.	L6-2
演出	演出	yǎnchū	N., V.	L9-1
宴席	宴席	yànxí	N.	L6-2
养	養	yǎng	V.	L5-2
养鱼	養魚	yǎng yú	V-O.	L12-2
样	樣	yàng	MW	L6-1
样子	樣子	yàngzi	N.	L8-1
摇	搖	yáo	V-O.	L12-2
药	藥	yào	N.	L7-1
要不	要不	yàobù	Conj.	L9-1
要不然	要不然	yàobùrán	Conj.	L2-1
要紧	要緊	yàojǐn	Adj.	L7-1
要么	要麼	yàome	Conj.	L12-2
要求	要求	yāoqiú	N.	L5-2
爷爷	爺爺	yéye	N.	L5-2
也许	也許	yěxǔ	Adv.	L8-2
业余	業餘	yèyú	Adj.	L12-2
一般	一般	yìbān	Adj., Adv.	L2-2
一般来说	一般來說	yìbān lái shuō	IE	L9-1
一方面	一方面	yì fāngmiàn		L9-2
一共	一共	yígòng	Adv.	L3-1
一举两得	一舉兩得	yī jǔ liǎng dé	IE	L8-2
一切	一切	yíqiè	Pron.	L1-2
一日游	一日遊	yīrìyóu	N.	L11-2
一下子	一下子	yíxiàzi	Adv.	L3-2
一直	一直	yìzhí	Adv.	L12-1
医疗保险	醫療保險	yīliáo bǎoxiǎn	NP.	L7-1
医院	醫院	yīyuàn	N.	L7-1
颐和园	頤和園	Yíhéyuán	PN.	L8-1

以为	以為	yǐwéi	V.	L5-2
亿万富翁	億萬富翁	yìwàn fùwēng	NP.	L10-1
艺术	藝術	yìshù	N.	L12-2
意见	意見	yìjian	N.	L10-1
意义	意義	yìyi	N.	L8-2
阴	陰	yīn	Adj.	L3-2
音质	音質	yīnzhì	N.	L13-1
银行	銀行	yínháng	N.	L2-1
引起	引起	yǐnqǐ	V.	L8-1
饮料	飲料	yǐnliào	N.	L6-1
饮食	飲食	yǐnshí	N.	L6-1
赢	贏	yíng	V.	L5-1
影响	影響	yǐngxiǎng	V.,N.	L4-1
硬	硬	yìng	Adj.	L5-1
硬卧	硬臥	yìngwò	N.	L11-2
硬座	硬座	yìngzuò	N.	L11-2
悠久	悠久	yōujiǔ	Adj.	L13-2
尤其	尤其	yóuqí	Adv.	L7-2
由此看来	由此看來	yóu cǐ kànlái		L6-2
由于	由於	yóuyú	Prep.	L5-2
邮局	郵局	yóujú	N.	L2-1
游客	遊客	yóukè	N.	L11-2
游戏	遊戲	yóuxì	N.	L12-2
游泳	游泳	yóu yǒng	V-O.	L11-1
有时	有時	yǒushí	Adv.	L3-2
鱼虾	魚蝦	yúxiā	N.	L6-1
娱乐	娛樂	yúlè	V.	L12-1
与	與	yú	Conj.	L2-1
与众不同	與眾不同	yǔ zhòng bùtóng	IE	L13-2
语言	語言	yǔyán	N.	L4-1
郁闷	鬱悶	yùmèn	Adj.	L10-1
遇到	遇到	yùdào	V.	L9-2
原因	原因	yuányīn	N.	L2-2
月费	月費	yuèfèi	N.	L3-1
月薪	月薪	yuèxīn	N.	L14-2
运	運	yùn	V.	L14-2
运行	運行	yùnxíng	V.	L9-2

Z

杂技	雜技	zájì	N.	L12-1
杂志	雜誌	zázhì	N.	L14-2
杂志社	雜誌社	zázhìshè	N.	L14-2
宰	宰	zǎi	V.	L3-1
再说	再說	zàishuō	Conj.	L4-1
在乎	在乎	zàihu	V.	L13-1
糟糕	糟糕	zāogāo	Adj.	L1-1
早就	早就	zǎojiù		L6-1
早知道	早知道	zǎo zhīdao		L9-1
怎么回事	怎麼回事	zěnme huí shì		L2-1
增加	增加	zēngjiā	V.	L5-2
扎针	扎針	zhā zhēn	V-O.	L7-2
炸	炸	zhà	V.	L6-2
展览	展覽	zhǎnlǎn	V.,N.	L9-1
占	佔	zhàn	V.	L14-1
涨价	漲價	zhǎng jià	V-O.	L10-1
账单	賬單	zhàngdān	N.	L13-2
障碍	障礙	zhàng'ài	N.	L14-1
找钱	找錢	zhǎo qián	V-O.	L9-1
照顾	照顧	zhàogù	V.	L5-2
照片	照片	zhàopiàn	N.	L13-1
针灸	針灸	zhēnjiǔ	N.	L7-2
枕头	枕頭	zhěntou	N.	L5-1
真的	真的	zhēnde	IE	L7-1
真正	真正	zhēnzhèng	Adj.,Adv.	L6-1
整天	整天	zhěng tiān		L5-1
正版	正版	zhèngbǎn	Adj.	L13-1
正经	正經	zhèngjǐng	Adj.	L12-1
正确	正確	zhèngquè	Adj.	L4-1
政策	政策	zhèngcè	N.	L5-2
政府	政府	zhèngfǔ	N.	L9-2
知名人士	知名人士	zhīmíng rénshì	NP.	L9-2
值得	值得	zhíde	V.	L9-1
职员	職員	zhíyuán	N.	L2-1
只要	只要	zhǐyào	Conj.	L4-1
至少	至少	zhìshǎo	Adv.	L14-1

制造	製造	zhìzào	V.	L14-2
质量	質量	zhìliàng	N.	L13-1
治病	治病	zhì bìng	V-O.	L7-1
中档	中檔	zhōngdàng	Adj.	L14-2
中国城	中國城	zhōngguóchéng	N.	L6-1
中美	中美	zhōngměi	PN.	L5-1
中西部	中西部	zhōngxībù	N.	L11-1
中心	中心	zhōngxīn	N.	L3-1
中药	中藥	zhōngyào	N.	L7-1
中医	中醫	zhōngyī	N.	L7-2
种花	種花	zhòng huā	V-O.	L12-2
种类	種類	zhǒnglèi	N.	L3-1
重	重	zhòng	Adj.	L5-2
重大	重大	zhòngdà	Adj.	L10-2
重视	重視	zhòngshì	V.	L5-2
重要	重要	zhòngyào	Adj.	L2-2
重要性	重要性	zhòngyàoxìng	N.	L8-2
周	周	zhōu	N.	L4-1
周末	週末	zhōumò	N.	L8-1
猪肉	豬肉	zhūròu	N.	L6-1
主人	主人	zhǔrén	N.	L13-2
主要	主要	zhǔyào	Adj.	L7-1
主座	主座	zhǔzuò	N.	L13-2
煮	煮	zhǔ	V.	L6-2
住得惯	住得慣	guòdeguàn	VP.	L5-1
注意	注意	zhùyì	V.	L2-1
注意力	注意力	zhùyìlì	N.	L5-2
注重	注重	zhùzhòng	V.	L5-2
驻	駐	zhù	V.	L14-2
祝	祝	zhù	V.	L1-2
专门	專門	zhuānmén	Adv.	L7-1
专线	專線	zhuānxiàn	N.	L10-2
专业	專業	zhuānyè	N.	L14-1
转转	轉轉	zhuànzhuan	V.	L8-2
赚钱	賺錢	zhuàn qián	V-O.	L14-1
装饰	裝飾	zhuāngshì	V., N.	L10-2
状况	狀況	zhuàngkuàng	N.	L9-2
撞	撞	zhuàng	V.	L9-2

准备	準備	zhǔnbèi	V.	L5-1
准确	準確	zhǔnquè	Adj.	L4-2
着急	著急	zháo jí	V-O.	L8-1
资助	資助	zīzhù	V.	L14-1
自己	自己	zìjǐ	Pron.	L4-1
自然	自然	zìrán	N., Adj., Adv.	L2-2
自行车	自行車	zìxíngchē	N.	L8-1
自由	自由	zìyóu	Adj., N.	L14-2
自在	自在	zìzài	Adj.	L5-1
总	總	zǒng	Adj.	L14-1
总结	總結	zǒngjié	V., N.	L11-1
总是	總是	zǒngshì	Adv	. L4-2
总算	總算	zǒngsuàn	Adv.	L9-1
总统	總統	zǒngtǒng	N.	L8-2
总有一天	總有一天	zǒng yǒu yì tiān		L4-1
走不了	走不了	zǒu bù liǎo	VP.	L9-1
租	租	zū	V.	L10-1
最多	最多	zuìduō	Adv.	L2-1
最近	最近	zuìjìn	N.	L14-2
最少	最少	zuìshǎo	Adv.	L3-1
最先	最先	zuìxiān	Adv.	L14-2
醉	醉	zuì	Adj.	L12-1
尊重	尊重	zūnzhòng	V.	L13-2
作为	作為	zuòwéi	Prep.	L13-2
作文	作文	zuòwén	N.	L4-2
座	座	zuò	MW.	L9-2
座位	座位	zuòwèi	N.	L13-2
做梦	做夢	zuò mèng	V-O.	L4-2